빛과 디렉션
Light and Direction

사진작가
이준희
직업
에세이

빛과 디렉션
Light and Direction

숨이자 길이자 삶이 된

사진에 대한

투명한 이야기들

스미다

프롤로그

아무도 하지 않았던,
사진 안과 밖에 대한 이야기

　언젠가 사진 교재나 사진가의 눈으로 바라본 여행기를 쓸 것이라고 생각했는데, 이런 주제로 책을 내게 될 줄은 몰랐다. 꿈과 현실 사이의 괴리를 한 사람의 시행착오를 통해 보여준다면, 사진가 혹은 다른 분야의 사람들에게 도움이 될 것 같아 직업 사진가의 현실 에세이를 쓰기로 마음먹었다.

　글을 써서 책을 내고 싶다고 생각한 지는 꽤 오래되었다. 한때는 블로그에 일기를 쓰기도 했다. 거의 10년 이상을 지속했다. 글의 수준보다는 꾸준함이 중요했다. 어릴 때부터 책을 좋아했고, 책을 읽으면서 인생에 필요한 많은 것을 배웠다. 사진을 찍기 전부터 활자들이 주는 즐거움과 행복감을 알았기에 방황을 일삼던 청년기에 길이 잡힐 수 있었다.

　사진가이지만, 내가 쓴 이야기는 사진 기술에 대한 것이 아니다. 기술력이 곧 직업 사진가의 생명력이라고 말하고 다녔으나 이 책에서 기술적인 내용은 거의 다루지 않았다.

대신 내가 어떻게 사진가라는 직업을 선택하게 되었는지, 충분히 준비하지 못한 채 커리어를 시작해 결국 어떤 큰 어려움을 겪었는지를 책에 담았다. 그리고 그 환란 속에서 정신을 차리고 다시 도전하게 된 뼈아픈 이야기를 기록했다.

취미로 사진을 8년 정도 접했고, 그 후 10년이 조금 넘는 시간 동안 직업 사진가로 살아가고 있다. 보통은 상업 사진가라고 부르기도 한다. 나는 그냥 사진가, 혹은 조금 더 후하게 나 자신을 추켜세우고 싶을 때 '사진작가'라고 소개한다. 사진작가라는 직업이 너무나도 흔해진 한국에서 '작'이라는 한 글자를 더 붙인다고 배가 더 부른 것도 아니고, 오히려 작가답지 못한 사진가들에게 염증을 느끼는 대중도 있기에 나는 더 간결하게 불리는 것이 좋다.

사진에 입문한 내 세대의 사람들이 직업 사진가를 폭발적으로 늘리는 데에 일조했을 것으로 나는 추측하고 있다. 마치 베이비붐 세대처럼 포토그래퍼붐이 발생한 것은 보급형 카메라의 기술 발달과 해외여행의 증가, 인스타그램의 인기가 맞물린 2010년대 중반이라고 생각한다. 나의 시작이 그러했던 것처럼 카메라와 렌즈만 있으면 자유로이 세계를 누비며 사진을 보여주는 활동을 직업으로 삼을 수 있게 된 것이다. 그전까지는 사진을 전공하거나 전문적인 수련 과정을 통해 입봉하는 경우가 많았다.

이렇게 직업 사진가의 입문 장벽이 낮아진 것은 기술력이 높지 않아도 대중이 원하는 감성적인 이미지를 만들 수 있기 때문이다. 취미 수준의 사진 실력으로 상업 활동을 하는 이들이 크게 늘면서 전반적으로 기술의 하향세를 보이고 있다. 이로 인해 이 분야의 노동 가치 역시 하락하고 있다. 내가 유럽에서 처음 스냅 촬영을 시작했을 때의 단가와 지금의 스냅 촬영 단가를 비교해보면 놀라울 따름이다. 모든 물가가 상승하는데 사진 촬영 비용은 계속 하락하고 있다.

사진 분야에 종사하면서 이상한 논리나 이해할 수 없는 역학 관계를 종종 보았다. 이 안에서 금기시되는 것들이 알게 모르게 꽤 있다. 그 금기들이 언제부터 만들어졌는지 모르지만, 시간이 흐르면서 편견으로 굳어진 것들도 많다. 사진을 취미로 좋아하는 사람들부터 사진으로 밥벌이를 하는 사람들까지 그런 것들을 쉬쉬하고 지나가는 것이 의아했다.

사진을 하는 사람들은 다른 사진가에게 자신의 소신을 말하는 것을 굉장히 꺼린다. 사진이 좋지 않은데도 "대작을 하고 오셨군요" "수고와 정성이 담긴 사진 잘 보고 갑니다" 등의 껍데기만 있고 속은 텅 빈 칭찬을 한다. 자신이 받고 싶은 칭찬을 미리 써두는 것이나 마찬가지다. 상대방의 사진에 허점을 지적하고 싶지만, 그러면 언젠가는 자기 사진도 지적당할 수 있으니 그런 상처를 미리 예방하는 것이다.

그 껍데기 안쪽의 무언가를 이야기하고 싶었다. 거짓으로 남을 칭찬하고 싶지 않았다. 그래 봤자 남는 것은 무의미한 텍스트뿐이다. 가끔 내 인스타그램 계정에서 이런 생각들을 말해왔다. 릴스를 본 사람들이 꽤 좋은 반응을 보내주었고, 진심으로 공감하는 분들도 많았다. 그동안 이런 이야기를 하는 사람이 없었기 때문이다.

서점에서 예술 및 사진 코너를 세세히 들여다보아도 이런 이야기는 잘 없다. 대부분의 사진 도서는 사진을 잘 찍는 데에 포커스가 맞춰져 있거나, 사진 작업에 대한 경험담이 주류를 이룬다.

그래서 직업 사진가의 현실이 어떤 것인지, 이 직업으로 생존하기 위해서는 어떤 것들을 필수적으로 갖춰야 하는지, 나이가 들어서도 이 직업을 영위하기 위해서는 어떠한 마인드를 가져야 하는지에 대해 나의 경험과 내가 아는 이야기들을 글로 썼다. 이준희라는 한 명의 사진가를 10년 남짓 통과해 흘러나온 다양한 화제들을 가감 없이 담았다.

내 사진의 스승들이 사진작가만 있는 것은 아니다. 소설가, 음악가, 영화감독, 심지어는 셰프에게서도 직업적 영감을 얻는다. 장르를 넘나들며 배우는 것들은 사진 작업에 창의성을 불어넣는다. 고정된 생각과 직사각형의 프레임에서 벗어나 그 밖의 것들을 만나는 시도를 해야 한다. 예술가가 자신만의 철학을 가지고 예술 활동을 하는 것은 펜을 들었든, 활을 들었든, 칼을 들었든, 카메라 셔터를 누르는 것과 행위적 차이만 있을 뿐이지, 그 본질은 비슷하다는 것을 느낀다.

이 책 역시 사진가만을 위한 책이 아니다. 화가, 디자이너, 음악가, 영화인 등 다양한 문화예술 종사자들도 읽을 수 있다는 것을 염두에 두었다. 예술 분야에서 직업을 유지하고 돈을 벌고 삶의 만족감을 끌어올리는 것과 더불어 어떠한 방향성을 가져야 하는지에 대해서도 썼다. 이런 부분들을 자신의 직업 세계에 적용해보고 싶다면, 이 책에서 필요한 힌트를 얻을 수 있을 것이다.

글쓰기에 대한 의지가 가득했던 뜨거운 여름이 훌쩍 지나갔다.

많은 이야기를 눌러 담고 싶었다. 감성적인 이야기는 추구하지 않았다. 과거의 내 안에 그런 이야기들이 가득한 적이 있었지만, 이 책은 그런 이야기들과는 거리가 멀다.

내가 책을 통해서 독자들에게 전달하고 싶은 것은 실패하지 않는 직업 예술인의 삶을 사는 방법을 터득하라는 것이다. 어쩌다 보니 직업 사진가로 입문했고, 잘 준비하지 못해 실패했고, 처절하게 각성했고, 비로소 본질을 깨달아 발전을 꾀하고 있다. 이 이야기들을 통해 관련된 분들에게 도움이 되기를 바란다.

목차

프롤로그 —— 004

#1 나를 사진으로 이끈 여행들

그때는 몰랐다, 사진이 밥이 될 줄은 —— 015
뜨거운 가슴으로 시작한 사진 여행 —— 020
사진가의 꿈을 안고 떠난 태국 —— 025
겸허함으로 이끈 경유지, 런던 —— 033
드디어 파리에 가다 —— 041
될 대로 되겠지, 무작정 동남아 —— 048
어떻게든 가다 보면 길이 생긴다 —— 058

#2 사진가의 배움에는 장르 경계가 없다

직업 사진가가 되기 위한 나만의 공부 비법 —— 071

이제는 사진이 된 내 안의 음악들 —— 083

상상하는 사진가로 진화하고 싶다면 그분을 모셔라 —— 092

사진과 미각의 페어링 —— 100

저기, 장요근 좀 들어 올려주시겠어요? —— 109

#3 쓰디쓴 인생, 주먹 쥐고 일어서

시작과 끝을 모르고 부는 바람처럼 —— 121

어제의 나보다 오늘의 내가 사진을 더 잘 찍는다 —— 127

카메라 대신 바코드 스캐너를 들다 —— 137

인생의 수렁에 빠졌을 때, 나를 버티게 한 목표 —— 145

2022년 11월 4일 —— 151

임요환의 통산 전적을 아시나요? —— 163

#4 빛과 디렉션

디렉션 —— 171

빛에 대한 신념 —— 177

장애인 스포츠 촬영, 제가 시작하겠습니다 —— 187

빛과 춤의 다큐멘터리, 춤추는 사상 —— 197

사진가라는 직업에 만족하세요? —— 208

제 꿈은 인스타그램을 하지 않는 것입니다 —— 214

역주행이 특기입니다만 —— 221

바람이 불지 않으면 노를 저어라 —— 230

#5 직업 사진가의 뼈아픈 현실 이야기

아이돌 덕질에 대한 근거 있는 항변 —— 243

스마트폰 시대, 사진가의 가치 —— 247

사진은 정답이 없다고? —— 256

사진은 파인 다이닝처럼 —— 263

간장이라고 다 같은 간장이 아니다 —— 270

404 Not Found —— 278

진정한 치열함에 대하여 —— 284

AI 시대에 사진가는 살아남을 수 있을까 —— 291

감성보다 기술 —— 302

때로는 뷰파인더 대신, 삶 자체를 바라보자 —— 314

에필로그 —— 319

#1   나를 사진으로 이끈
                                         여행들

그때는 몰랐다,
사진이 밥이 될 줄은

셔터 소리에 홀렸다가 정신을 차려보니

나는 사진가가 되었다. 전공은 사진이 아니었다. 삶이 예비해둔 우회로였을까. 대학에서 다른 예술 장르의 숨결을 좇았지만, 학과에서도 유난히 카메라와 혼연일체였던 나는 결국 셔터 소리에 이끌려 이 길로 들어섰다. 직업으로 사진을 택하리라고는 상상조차 해본 적이 없었다. 그저 셔터를 누르는 순간, 세상이 기록으로 남는 것이 좋았다. 무엇보다 눈으로 보던 세계가 입자가 되는 순간이 경이로웠다.

흩날리는 벚꽃 잎, 김이 서린 커피잔, 우산 위를 미끄러지는 빗방울, 책 속의 어느 페이지, 게으르게 흘러가는 구름과 무심한 하늘…. 한때는 그것들을 제대로 보고 살았는지 기억조차 희미했다. 그러나 카메라 렌즈를 통해 사물들을 대하면, 그제야 나는 비로소 그것들을 열심히 들여다보게 되었다. 그리고 찾아 헤맸다. 내가 발

딛고 선 세상의 어디쯤 아름다움의 조각들이 숨어 있는지, 기어이 그것들을 찾아내고 싶었다. 사람들은 그 행위를 흔히 '출사'라고 불렀다.

필름 카메라의 매력에 빠져들다

우연히 누군가의 손에 들린 수동 필름 카메라를 보았다. "오, 이게 뭔가요?" 반짝이던 호기심은 며칠을 넘기지 못하고 숭례문 수입 상가에서 똑같은 카메라와 몇 롤의 필름을 손에 쥐게 했다.

조심스레 필름을 끼우고, 필름실을 덮고, 와인더를 몇 번 감아 아날로그 계기판에 0이 뜨면 비로소 시작이었다. 실수 없이 더 좋은 장면을 담아야 한다는 긴장감이, 와인더를 감을 때의 팽팽한 장력처럼 내 안을 조여왔다. 보통 이 행위는 집에서 이루어지는데, 막상 감고 나면 찍을 것이 마땅치 않아 어딘가로 나섰다.

당시 성북구에 살던 나는 지하철이나 버스에 몸을 싣고 종로구 안쪽을 유랑했다. 청운동에서 고등학생 시절을 보낸 터라 발걸음이 닿는 길들이 익숙했다. 학교 정문 근처에서 서촌으로 내려가거나, 삼청동 쪽으로 걷는 일이 잦았다. 도시에서 찾기 힘든 고적함을 품은 북촌과 안국동을 거닐다 창덕궁과 창경궁을 끼고 대학로까지 무심결에 걷기도 했다.

스쳐 가는 자동차, 궁궐의 견고한 돌담, 아기자기한 상점, 구불구불 이어진 골목길들이 내 렌즈 앞에 멈춰 섰다. 셔터를 누르면 '칠

컥' 하는 기계식 스프링음이 맑게 울리고, 장전된 필름에 빛이 한 껏 노광됐다. 다음 장면을 바로 담을 수도 있기에, 나는 엄지손가락으로 와인더를 재빠르게 감았다. 마치 총을 한 발 쏘고 나서 다시 장전하는 듯한 리듬이었다. 차가운 쇳덩이 기계는 아이러니하게도 안온하고 서정적인 것들을 품어주었다. 필름 한 롤이 끝나 36이라는 숫자에 도달하면 셔터는 더 이상 움직이지 않았다. 필름을 리와인드하고 새로운 필름으로 교체하는 순간은 언제나 짧은 의식과도 같았다.

필름 속에서 피어난 서성시

필름이 네 롤 정도 쌓이면 현상소를 찾았다. 주로 충무로나 종로였다. 필름을 맡기면 다음 날쯤 스캔된 데이터가 올라왔다. 필름이라 해서 꼭 인화를 해야 하는 것은 아니었다. 디지털 스캐너에 넣어 파일로 만든 후 이메일로 받아볼 수 있었다.

떨리는 마음으로 내려받은 파일을 열었다. 그것은 나의 기록이자 소유물이었다. 지금 생각하면 정말 하찮은 것일 수도 있지만, Made by 이준희, 그러니까 나만의 오롯한 창작물이었다.

다운로드가 끝나면 블로그를 열었다. 사진을 일기처럼 올리며 글을 썼다. 글쓰기를 좋아했던 나는 문학을 향한 애정 덕분에 일기가 곧 나만의 문학이 되기도 했다. 사진 또한 그 속에서 소설이나 시처럼 느껴졌다. 딱히 주제랄 것도 없었지만, 형식에 얽매이지 않고 편하게 산문을 곁들이기도 했다. 청춘의 기록 정도랄까.

조금 낯간지럽다는 생각도 들지만, 20대는 그래도 괜찮은 나이가 아닌가. 자신이 누구인지 잘 알지 못한다. 자신에 대해 안다고 말하기도 하지만, 시간이 지나 돌아보면 사실 제대로 알지 못했던 것들이 훨씬 더 많았다. 무엇을 해야 하고 삶에 어떤 목적을 부여해야 할지 몰라 갈팡질팡했다. 나는 그 흔들리는 느낌을 온몸으로 받으며 청년 시절을 보냈다.

카메라와 함께하면 뱃멀미 같던 감정들도 조금은 덜 어지러웠다. 힘들고 고달팠던 어린 시절의 잔재들이 아직 내면에 뒤섞여 있었다. 삶에 대한 책임감도 희박했다. 존재와 삶의 목적에 대한 의구심, 그리고 종교적인 갈림길에서도 유난히 혼란스러웠다. 하지만 카메라는 변하지 않는, 든든하고 묵직한 쇳덩이였다. 어깨에 메거나 손으로 들고 다니기에 딱 알맞은 정도의 묵직함. 진종일 목에 메고 다니면 힘들기도 했지만, 새로운 친구를 안고 다니려면 그 정도 무게의 책임감은 당연하다고 생각했다.

뜨거운 가슴으로 시작한
사진 여행

여행의 두 친구, 시디플레이어와 카메라

여행을 좋아했다. 카메라와 사진의 매력을 알기 전부터 여행을 즐겼기에 아무런 도구도 없이 홀가분하게 제주도로 떠나곤 했다. 그때는 음악만 있다면 세상 어디든 좋다고 생각했다. 어린 시절부터 수많은 음악을 들어왔고, 시디플레이어만 있으면 세상 어느 곳이든 나만의 콘서트홀이 되었다. 대중가요보다는 연주곡과 밴드음악이 더 좋았고, 팝, 록, 재즈, 블루스, 펑크 등 장르를 가리지 않았다.

카메라가 나의 새 친구가 되자, 이 묵직한 쇳덩이를 들고 더 넓은 세계를 만나고 싶은 충동이 밀려왔다. 음악과 함께 홀로 떠나는 여행을 즐기던 나에게, 사진이라는 사랑스러운 친구 하나가 더 생긴 것이다.

소중한 두 친구와 함께한 덕분에 여행은 이전보다 너 풍성해졌다. 귀에서는 마일스 데이비스의 재즈 선율부터 오아시스의 록 사운드까지, 세상의 풍경을 배경 삼은 연주가 들려왔다. 나는 그 세상을 향해 카메라를 들었다. 뷰파인더 안에서 보이는 세상은 내가 알던 것과는 사뭇 달랐다. 시간은 흐르지만 묘하게 단절된 느낌, 그 단절감이 오직 나만의 것이라는 생각이 들었다. 시간은 늘 언제 흐르는지도 감각할 수 없기에 '바로 지금'이라는 순간을 붙잡기 어렵지만, 뷰파인더 안에서는 시간을 잊을 수 있었다. 긴장한 손가락은 셔터를 누르며 스프링과 기계가 만들어내는 섬세한 텐션을 고스란히 느꼈다. 어쩌면 마일스 데이비스의 선율에 취해 카메라 셔터를 누른 것인지도 모르겠다.

고행이 된 첫 해외여행

첫 해외 여행지는 일본이었다. 외국인 여행자만이 구입할 수 있는 JR 패스를 손에 쥐었다. 도쿄와 오사카를 시작으로 내 발과 신칸센이 닿을 수 있는 모든 곳을 두루 찾아다녔다. 어깨에 걸린 카메라와 귀에 매달린 음악이라는 두 친구와 함께하는 여정은 두근거림 그 자체였다.

도쿄 한복판에 있는 공원에서 올려다보던 시내 도시의 웅장한 빌딩들, 요코하마에 드리워지던 와인빛 그러데이션 노을, 나가사키의 이국적인 서양식 건축물들과 드넓은 푸른 바다, 심지어 사슴 떼의 습격조차 즐거웠던 나라의 모든 순간이 아직도 생생하게 떠오

르는 것은, 그 모든 장면을 사진으로 남겼기 때문일 것이다.

　한여름의 일본이 특히 기억에 남는다. 땀을 강수량으로 환산해도 될 정도로 흘렸다. 왜 유독 여름에 일본을 많이 찾았는지 지금 생각하면 어리석다고 느껴지지만, 그때는 후회할지언정 저지르고 보는 젊은 패기에 마음이 앞섰다. 의욕이 넘쳐 필름 카메라부터 DSLR에 각종 렌즈까지 챙기고, 대형 백팩에 삼각대까지 매달았다.

　단언컨대 여행이 아닌 고행이었다. 취미 사진을 다시 생각하게 될 정도로 너무나 고생했다. 숨이 턱 막힐 만큼 무더운 날씨에 군장을 연상케 하는 무거운 장비들을 들고 열기가 후끈한 보도블록을 걸어갈라치면 '무엇을 위해서 여기 있는가' 하고 후회가 들기도 했다. 하지만 여행을 마치고 집에 돌아와 결과물들을 보정해나갈 때면 '고생할 만했네' 하며 흡족한 마음이 들었다. 그때의 나는 사진밖에 모르는 바보 같았다.

북극을 찾아 빙글빙글 도는 나침반 바늘처럼

스스로 자처한 고행 속에서도 경험치는 쌓였다. 멋모르고 시작한 카메라와 사진, 그리고 여행을 다니며 느낀 것들은 서툴기는 해도 어떤 방향을 만들고 있음을 알 수 있었다. 그것은 빛으로 향하는 방향성, 피사체를 쫓는 열정, 카메라를 더욱 능숙하게 다뤄가는 숙련의 과정이었다.

누가 시킨 것도 아닌데 나 자신을 이끌어 중량의 가방을 메고 길을 걸었다. 비행기를 타고 기차를 타고 버스를 타고 또 걸었다. 일출 시간이 되기 전, 일찌감치 거리로 나와서 사진을 찍었다. 노을 시간은 항상 저녁 식사 시간과 겹치기에 제때 저녁을 먹은 적이 없었다. 사진만 잘 찍을 수 있다면 괜찮았다. 금전적으로 충분하지 않아서 거의 라면만 먹고 다닌 적도 있었다. 한국에서 햇반과 컵라면을 챙겨 가기도 했다. 최대한 돈을 아껴서 사진 촬영에 쓰기 위해서였다. 주변 사람들도 나의 열정 하나만큼은 인정해주었다. 만약 지금의 내가 저렇듯 좌충우돌 뜨겁기만 한 청년을 만난다면 그 열정에 박수를 쳐주고 싶다.

그렇게 일본을 몇 번이고 오가며 사진에 빠져 살았더니 주위에서 사진 실력이 늘었다는 평이 들려오기 시작했다. 블로그에 여행기를 남기고 사진과 여행에 대한 생각들을 공유했다. 그 과정이 겹겹이 쌓여갈수록 더 나은 것을 향해 나아가고 싶은 갈증을 느꼈다.

　사진 여행은 중독성이 있었다. 한국에 돌아와 단기적인 일들을 하며 다시 통장의 무게를 채우면서도 늘 마음은 한반도 밖을 향하고 있었다. 마음이 콩밭에 있으니 인생의 목표와 현실 같은 것들이 오히려 비현실적으로 느껴졌다. 나는 '디렉션'이라는 말을 참 좋아하는데, 이때는 디렉션이 무엇인지 알지도 못했다. 이 시기의 나의 디렉션은 바늘이 빙글빙글 돌기만 하는, 아직 북극을 찾지 못한 나침반과도 같았다.

사진가의 꿈을 안고
떠난 태국

이국적인 밤거리, 카오산로드

　당시 나는 몇몇 사진가 겸 블로거들을 탐구하기 시작했다. 한때 '여행 사진작가 10인 연맹'이라 불리던 사진 그룹이 있었는데, 그들은 세계 곳곳을 누비며 세상의 색조와 채도를 각자의 시선으로 멋지게 편집해 보여주고 있었다. 어떤 작가는 살아 있는 듯 생생한 여행 사진을 선보였고, 또 어떤 작가는 놓치기 쉬운 희소한 것들을 섬세하게 채집해 밀도 높은 감성으로 담아냈다. 그들의 블로그 포스팅 하나하나가 마치 작곡을 하는 것처럼 보였다. 음악적이면서도 시적이었다.

　그런 작품들을 보며 나의 꿈은 더욱 커져갔다. 나도 여행 사진을 잘 찍는 사람이 되고 싶다는 막연한 생각에 잠기곤 했다. 이것이 구체적이고 계획적인 작업이 될 것이라고는 상상조차 해본 적이 없었다. 혹자가 "너도 내셔널 지오그래픽 사진가가 될 수 있어!"라고 말해도, 나는 "제가 어떻게 그런 사람이 될까요, 전공도 아닌데요"라고 답했다. 구름 같은 꿈 앞에 선명한 것은 아무것도 없었다.

그러한 여행 사진가들의 영향은 나를 더 넓은 곳으로 이끌었다. 나 역시 빛으로 가득 찬 세상을 프레임 안에 품고 싶었다. 그렇게 일본 외에 처음으로 향한 곳이 태국이었다. 수완나품 공항에 내려 방콕 시내로 향하는 택시 안에서 바라본 이국적인 야경은 실로 색달랐다. 이제 한 걸음 더 먼 곳으로 나왔다는 실감이 가슴 벅차게 다가왔다.

택시에서 내려 호텔에 짐을 풀고 야식을 먹으러 나왔다. 그곳 카오산로드는 '내가 지금 뭘 보고 있는 거지?'라는, 현실과 동떨어진 느낌을 주었다. 거리 곳곳의 펍들은 조명에서 화려한 빛을 내뿜고 있었다. 그곳에서 흘러나오는 강렬한 비트의 음악들은 거리 전체를 클럽 같은 분위기로 만들었다. 그 사이로 팟타이를 즉석에서 만들어 파는 가판대, 각종 액세서리를 파는 상인들, 헤나 타투를 새겨주는 이들이 뒤섞여 하나의 폭발적인 심포니를 이루고 있었다. 밤이었지만 꽤 습하고 더웠던 기억 때문에, 그날과 비슷한 날씨가 되면 카오산로드의 추억을 되새기게 된다. 그리고 그때 했던 생각들이 희미하게 떠오른다. '내가 원해서 세계를 돌아다니며 사진을 찍고 있지만, 동시에 세계가, 사진이, 나를 원해서, 그러니까 필연적으로 내가 이곳에 오게 된 것은 아닐까.'

낯선 이국에서 본 민족성의 콘트라스트

◉

태국과의 첫 만남은 마치 고수나 낯선 향신료를 처음 맛보았을 때와 같은 신선한 충격을 주었고, 이는 결국 계속해서 더 많은 여정을 불러일으켰다. 캄보디아, 라오스, 베트남, 그리고 유럽의 영국, 프랑스, 스페인까지. 여행 사진작가 10인 연맹이 보여준 곳들은 거의 다 찾아갔다. 나의 사진은 블로그 포스팅을 통해 더욱 다채롭게 펼쳐졌고, 그 블로그를 찾아오는 사람들도 꽤 늘었다. 칭찬과 공감이 나를 더 넓고 먼 곳으로 향하게 했다.

그렇게 떠난 태국 등의 여행지에서 세계를 바라보는 좀 더 넓은 시야가 생겼다. 같은 지구에 살고 있는데, 어떻게 모두들 사는 것이 이렇게 다른가. 내가 집에서 고요하게 사진을 편집하는 순간에도 호찌민에서는 오토바이 소리가 귀를 먹먹하게 만들고, 런던에서는 각을 세운 근위병들의 교대식이 열리고, 모로코의 페즈에서는 사기꾼들이 어떤 여행자를 털어먹을지 호시탐탐 기회를 노리고 있었다. 같은 시간대인데도 지구 곳곳에서 각기 다른 생김새의 사람들이 각기 다른 생각을 품고 하루하루 살아가고 있는 것이다.

재미있는 것은 그 사람들이 나와 공통된 생각과 사고방식을 가진 것도 많다는 점이다. 우리에게는 없는 왕을 섬기는 문화 같은 것들은 내게 이상하게 느껴졌지만, 타인에게 친절해야 한다든지, 부모님 말씀을 잘 들어야 한다든지, 어려운 사람을 도와야 한다든지, 남에게 피해를 끼치면 안 된다든지 하는 기본적인 생각들은 비슷한 부분이 더 많았다.

다르면서 한편으로는 비슷하다는 것은 내게 마치 '콘트라스트(명과 암의 대비)'처럼 느껴졌다. 내가 그들과 다르니까 그들의 모습이 더 대비되어 보이고, 그들이 나와 다르기 때문에 그들에게는 내가 달라 보일 것이다. 익숙한 장소를 떠나 낯선 장소에 이르러 다름의 편차를 확인하는 것. 그 안에서 발견되는 공통점들이 선하고 좋은 것들임을 확인하는 것. 삶의 척도를 눈과 마음으로 새기는 것. 이것은 여행이 내 시야를 넓히고 나를 확장하는 배움의 기회였다. 사진에 꽂혀서 카메라만 들고 무작정 떠나기 시작한 여행이었으나 나는 사유의 가치를 얻을 수 있었다. 타인과 타국을 바라보며 무엇이 비슷하고 다른지 대비감을 알아보기 시작한 것이다.

올리비에처럼 걷기 – 여행길에서 치유한 상처

✪

청년 시절의 나는 나 자신이 쓸모없다고 생각한 적이 많았다. 공부하고 목표한 일들이 이뤄지지 않았고, 헛된 희망으로 겉도는 20대를 보냈다. 공갈빵이나 질소가 가득 충전된 과자봉지 같았다고 하면 나의 20대 시절을 너무 폄하하는 것일까. 어쨌거나 그런 나를 다른 방향으로 전환해준 것이 카메라와 사진이었다. 카메라와 사진은 나를 여행으로 이끌었고 그것이 방향성을 갖고 걷게 만들었다.

내가 좋아하는 에세이집 중에 베르나르 올리비에의 『나는 걷는다』라는 책이 있다. 꽤 두꺼웠지만 단숨에 읽었던 기억이 난다. 정치, 사회 분야의 기자로 활약한 뒤 은퇴한 노년의 올리비에는 이스탄불에서 시작해 중국 서안에 이르는 실크로드를 도보로 여행했다. 60대의 나이에 시작한 그의 여정을 읽으며 마치 함께 여행하는 듯한 기분이 들었다.

여행자들에게 '여행을 왜 할까?'라고 물으면 다양한 대답이 나올 것이다. 올리비에는 무엇이라고 답할까? 아마도 그는 여행으로 인생의 의미를 찾고자 했던 것 같다. 올리비에는 은퇴 후 방향을 잃은 삶의 의미를 찾고 내면을 치유하고자 걸었다. 그는 걷고 또 걷다가 다음 목적지를 찾음으로써 새로운 희망을 만들었다. 오랜 여정 속에서 성장하고 깨달음을 얻었다. 명확한 답 자체보다는 또 다른 목표를 바라보고 그곳에 대한 꿈을 키우며 느리게 걸었고, 그 과정 속에서 자신감을 잃은 자신의 마음을 치유했다.

나에게는 그것이 카메라와 사진이다. 삶의 방향성을 잃은 청년이 이것들을 매개로 무작정 어디론가 떠났다. 의미 없어 보이는 것들에 나도 모르게 몰두하고 집념을 보였다. 그러자 텅 빈 내면에 내용물이 들어차기 시작했다. 그 방향이 옳은지 그른지 알지 못한 채 들어선 길. 친구들은 기업에 취직해 돈을 벌고 결혼을 생각할 나이였지만, 나는 전혀 반대의 길로 들어섰다. 철없는 행동 같았지만 다소 삐딱한 소년기를 보낸 내게는 그 길이 나 자신을 찾을 수 있는 유일한 탈출구였다. 어차피 늦은 나이에 공부를 열심히 해서 취직을 알아볼 수도 없다면, 잘 놀던 내로 더 열심히 놀아보기로 결심한 것이다. 나는 자유로웠다. 내게 얽매인 것들이 몇 없기에 더 자유로웠다. 내가 태국에 있건, 프랑스에 있건, 누구도 상관하지 않았다.

올리비에처럼 나도 걸었다. 어깨에 카메라를 둘러메고서 말이다. 이렇게까지 마음을 빼앗기고 무언가에 몰입했던 적은 없었다. 지금 생각해보면 이 여정이 방황하던 청년기에 내면을 정돈하고 치유하는 과정이었던 것 같다. 여행과 사진에 빠져들지 않았다면 나는 이도 저도 아닌 미지근한 어른이 되었을지도 모른다.

공갈빵 같던 내가 세계를 피사체로 셔터를 누른다. 셔터를 누를 때마다 내 속의 다양한 모습들을 발견한다. 어떤 나라에서는 순수함을 보게 되고, 어떤 나라에서는 넘치는 자신감을 보게 된다. 아마추어 중에서도 아마추어였지만, 카메라가 나를 과감하게 만들었다.

걷고 찍고 생각했다. 보정하고 블로그에 올리며 글을 썼다. 아무나 할 수 있는 일이지만 누구나 하는 일은 아니었다. 나의 청년 시절은 헛된 바람과 공허한 순간이 가득했다. 하지만 결핍된 그 빈 공간이 있었기에 새로운 희망과 가벼운 걸음으로 나를 채우러 떠날 수 있었다.

겸허함으로 이끈 경유지, 런던

통장은 유한했지만, 유럽을 향해 무한 도전

여행자들이 한 번쯤 유럽 여행을 꿈꾸듯이, 나 또한 어느 순간 마음속 나침반이 유럽을 향했다. 여행 사진작가들의 작품 속 파리를 보며 언젠가는 나도 저 예술의 도시를 누비리라 꿈만 꾸던 어느 날, 국민 예능 '무한도전'의 파리 편이 방송되어 내 심장에 파문을 일으켰다. 무한도전에 비친 파리를 본 순간, 억눌렸던 마음이 잠에서 깨어난 파도처럼 거대한 몸을 일으켰다. '나는 왜 파리에 못 가는 걸까'라는 생각에 갑자기 억울함이 밀려왔다. 살면서 파리는 한 번쯤 가봐야 하는 것 아닌가, 내 뷰파인더 안에서 마주할 파리는 어떤 모습일까, 순수한 호기심들이 쌓이자 결국 일을 저지르게 되었다. 텅 빈 통장들의 영혼까지 그러모아 겨우 유럽행 티켓을 끊었다.

카메라 가방에는 캐논 카메라와 렌즈가 묵직하게 자리했다. 나

는 블로그, 카페, 커뮤니티를 헤매며 파리를 검색하고 사진가들의 결과물을 여행 직전까지 탐닉했다. 요즘은 잘 찾지 않는 여행 가이드북이 그때는 내게 성경과도 같았다. 《론리 플래닛》이나 『○○ 100배 즐기기』 같은 여행서들을 밤새도록 읽으며 미리 여행지에 대해 상세히 공부했다. 그러면 이미 여행지에 와 있는 듯이 가슴이 벅차올랐다. 여행 전에 현지를 연구하는 것도, 여행이 끝난 후 사진을 편집하는 시간도 모두 여행의 일부라 느껴졌다. 때로는 여정을 마치기도 전에 이미 다른 지역의 여행을 계획하고 비행기 티켓을 끊고 있었으니, 내 삶은 빈틈없이 여행으로 가득 차 있었다. 나는 늘 여행 중이었다.

낯설지만 황홀했던 런던의 빛과 색
◉

파리에 대한 애절한 갈증이 나를 유럽으로 이끌었다. 가지 못한다는 오랜 억눌림을 해소하고 내 내면에 해방감을 주고 싶었다. 그렇게, 살면서 가본 가장 먼 비행길, 런던으로 들어가 파리로 나오는 여정을 시작했다.

히스로 공항에 내려 덜컹거리는 좁은 튜브를 타고 런던 시내를 향하던 길, 지상으로 나와 처음 마주한 서양 문명의 심장부는 실로 충격적이었다. 거리의 건축물과 모든 풍경은 내가 살아온 세상과는 완전히 다른 차원의 아름다움을 뿜어내고 있었다. 빛 자체도 내가 살던 곳에서 보던 것과 달리 황홀하게 느껴졌다. 사진으로 담아내

그 빛과 색은 낯설면서도 한없이 새로웠다. 이것이 왜 다른지 그때는 미처 인지하지 못한 채, 그저 그곳의 분위기에 취해 꿈결처럼 거닐었다.

아직도 그때를 떠올리면 뮤직비디오나 영화 속 주인공이 된 듯한 몽환적인 느낌이 든다. 훗날 스냅 촬영이나 여행을 이유로 익숙하게 오갔던 유럽은 그때의 그 꿈같은 느낌이 아니었다. 이방인처럼 떠도는 여정에는 현실적인 고민들이 늘 그림자처럼 동행했기 때문이다. 하지만 런던에서 시작한 첫 유럽 여행은 그런 고민이 파고들 틈조차 없는 완벽한 새로움으로 가득했고, 온몸이 떨리는 강렬한 전율이 있었다. 13년 전의 일이지만 아직도 이렇게 손으로 만져질 듯이 강렬한 색조와 채도로 그 시간이 떠오른다. 그것은 아무리 서툴러도 그 순간을 사진으로 온전히 담아내려 발버둥을 쳤던 경험 때문일 것이다.

내 사진 인생의 경유지

당시 내 사진 실력은 고작 삼각대를 세우고 장노출 야경을 찍거나 초점과 노출을 맞추는 정도였다. 그 정도만 해도 사진이라는 취미에 꽤 깊이 빠져 있다는 착각에 갇히기 쉬운 법이다.

사진이라는 세계가 이토록 기대하고 심오할 줄은 그때는 꿈에도 몰랐다. 그래서 사진을 취미로 하거나 경험이 많지 않은 포토그래퍼들에게 늘 겸허함을 주문한다. 지금의 나 역시 마찬가지다. 내가 어느 정도 사진으로 성과를 낸다고 하더라도 나는 여전히 출발점에 더 가까운 사람이다. 한참을 달려왔지만 결과적으로 보면 이 정도를 뛰기 위해 준비했던 과정이 훨씬 더 길었다. 대부분은 달리기는커녕 스타트조차 못한 것이나 다름없다. 스타팅블록을 박차고 뛰어나가 천 미터, 만 미터를 달려도 피니시 테이프는 보이지 않는다.

비단 사진만 그렇겠는가. 어떤 직업이라도 비슷할 것이다. 그런데 유독 사진은 카메라를 살 약간의 돈만 있으면 시작할 수 있고, 조금만 그럴듯한 이미지를 찍어도 스스로 대단하다는 자만심에 사로잡히기 쉽다. 자신이 이미 두 팔을 들고 결승선을 1등으로 통과한 듯한 착각에 빠지는 것이다.

내 첫 유럽 여행은 그런 자만심에 빠지기 딱 좋은 여정이었다. 그나마 다행이라면 내 사진이 그렇게 뛰어나지 않다는 것을 절감하고 있었다는 점이다. 감정적으로는 새로운 장소에 마음이 요동쳤다. 내가 취해서 찍는 사진인지 아닌지도 몰랐고, 무엇을 찍으려고 발버둥 치는지도 몰랐다. 프레임에 보이는 모든 것을 낚아채겠다는 집념으로 셔터를 눌러댔다. 여행 사진을 잘 찍고 싶은 사람들에게는 반면교사로 보여주고 싶은 모습이다. 지금의 나에게 여행 사진을 잘 찍는 법을 묻는다면, '찍고 싶은 것이 무엇인지, 어떤 주제로 당신의 여정을 보여주고 싶은지를 명확히 하고 간단하게라도 계획서를 작성해서 떠나라'고 말할 것이다. 그러나 당시의 나는 운동장의 트랙조차 밟아보지 못한 풋내기였기에 그저 디지털 용량 낭비 정도로 메모리 카드를 채우고 있었다.

나르시시즘이라는 개미지옥에서 빠져나올 수 있었던 것은 내 실력을 꾸준히 업그레이드하기 위해 부단히 노력했기 때문이다. 누구에게 직접 사진을 배운 적은 없지만, 내 정신의 자학(?)을 반복한 나머지 어떻게든 지금의 사진 스타일을 만드는 데까지 오게 됐다. 당시에는 내가 찍은 사진들을 보면서 한없는 실망을 느끼기도 했다. 하지만 그 실망의 이유를 여행 후에라도 끈질기게 파고들어 알아냈고, 더 나아지기 위한 노력을 멈추지 않았다. 그러면서 느리지만 꾸준히 더 좋은 사진에 접근해갔다.

사진이라는 이 거대한 세계를 육상 트랙에 비유한다면, 많은 사진가가 아직 출발선도 밟아보지 못한 상태이다. 그것은 사진으로 금전적인 수익을 올리고 있는 것과는 별개이다. 그렇기에 겸허한 마음으로 사진에 대한 자신만의 비전이 무엇인지 깊이 고민해야 한다.

재미있는 것은, 당시 피커딜리서커스와 트래펄가광장을 누비던 내가 13년 후에 이런 생각을 하게 될 줄은 전혀 몰랐다는 것이다. 그사이 별의별 일을 다 겪으면서 나 자신이 이렇게 사진에 미치도록 몰두하게 될지 어떠한 계획을 세워본 적이 없었다.

그런 생각을 하면 런던이 지금의 나에게 이르기 위한 여정의 경유지처럼 느껴진다. 열정밖에 없던 내가 카메라를 들고 돌아다니며 서툰 실력으로 셔터를 눌러댔다. 미숙한 결과물일지언정 자기 피드백을 하려고 애썼다. 더 나은 사진을 찍기 위해 밤낮으로 사진 교재들을 읽거나, 여행 사진을 잘 찍는 이들을 팔로우하면서 어떤 점이 나의 것과 다른지 분석했다. 가끔 그 시간이 그립기도 하지만,

그때로 다시 돌아가고 싶지는 않다. 13년치의 행복보다는 다시 마주하고 싶지 않은 뼈아픈 고통이 훨씬 많기 때문이다.

드디어
파리에 가다

유로스타를 타고 런던에서 파리로

여행 사진가들의 작품들과 여러 매체에서 만났던 파리를 드디어 내 발로 밟게 되었다. 13년이나 지났는데도 런던과 파리의 고유명사들이 자연스레 생각나는 것을 보면, 뇌리에 각인될 만큼 특별한 여행이었던 것 같다.

런던의 세인트판크라스역에서 탑승한 유로스타는 두 시간 정도만에 여행자들을 파리로 빠르게 이동시켰다. 대부분의 구간이 해저터널이기 때문에 창밖으로 볼 것이 전혀 없어서 잠깐 잠을 청했다. 밖이 밝아져서 눈을 떠보니 영국과는 다소 다른 풍광이 창문 너머로 미끄러지듯 흘러갔다. 파리 북역 주변의 오래되고 낡은 풍경과 곳곳의 그라피디 흔적이 니지분하게 혼재하는 모습은 긴장감을 불러일으켰다. 나는 가슴에 품은 카메라를 더 꼭 끌어안았다.

기차는 곧 속도를 멈추고 승객들을 토해냈다. 무리의 흐름에 은신하듯 잘 섞여서 지하철역까지 걸었다. 세상에서 가장 낡은 것 같은 파리의 지하철을 갈아타며 파시역의 숙소에 도착해 짐을 풀었다.

밝은 낮인 데다가 여름이어서 일몰도 매우 늦었다. 게다가 유럽의 여름은 서머타임을 적용해 한 시간을 앞당겼다. 이동으로 인해 피로감이 느껴질 만도 했지만, 바로 카메라를 들고 나가 걸인이 게걸스럽게 음식을 먹어 치우듯이 파리 곳곳의 사진을 닥치는 대로 찍었다. 목적이 없는 사진을 찍었지만, 당시에는 찍는 것 자체가 목적이었다.

왜 파리에 그토록 가고 싶었는지 생각해보면 '갈 수 없기에 가보고 싶었다'라는 다소 비합리적인 이유가 떠오른다. 젊은 시절에 지구 반대편의 저렇게 멋진 곳에 갈 수 없다는 것은 너무나도 애석한 일이 아닌가. 비록 셔터 소비에 불과했지만, 사진을 찍는 맛을 알아버렸기 때문에 에펠탑을 내 사진 속에 넣는 멋진 경험을 해보고 싶었다. 숙소가 있던 파시역에서 에펠탑은 엎어지면 코가 닿을 만큼 가까웠다. 숙소 앞에서도 바로 에펠탑이 보였다. 조금 걸어가니 에펠탑은 렌즈에 꽉 차게 보일 만큼 크게 우뚝 솟아 있었다. 화각에 다 들어오지 못할 때까지 계속 걸어가며 사진을 찍었다.

이후 여행 사진 블로거들의 사진에서 본 장소들을 연달아 찾았다. 루브르, 노트르담대성당, 몽마르트르 언덕, 샹젤리제 거리 등지에서 셔터를 연신 눌러댔다. 멋진 하늘과 개선문 같은 상징적인 건축물들이 함께 찍힌 사진들은 내게 전리품처럼 귀하게 여겨졌다.

지금 그 사진들은 그저 외장하드의 어느 깊숙한 구석에서 곤히 잠들어 있다. 어쩌다가 그 사진들을 다시 보면 머릿속 먼 시간의 연결점을 다시 이어준다. 사진이 기억을 불러일으키는 촉매 역할을 한다는 점에서 목적 없이 찍은 사진도 의미가 있다. 누군가에게 사진은 직업이 되지만, 다른 누군가에게는 취미로서 셔터를 누르는 자체가 목적이 되고, 또 어떤 이에게는 추억을 기록하는 도구가 된다. 당시의 나도 셔터를 누르는 행위 자체가 즐거웠고 사진으로 시공간을 기록하는 의미가 컸다. 디렉션 같은 것은 몰랐기에 모든 방향으로 가슴이 더 뛰었던 것 같다. 참으로 순수한 시절이었다.

사진, 취미가 아니라 직업으로 삼아볼까?

◉

파리에서의 모든 경험이 나에게 진귀했다. 에펠탑 사진을 찍는 것도, 모네의 그림을 실제로 보는 것도, 퐁네프 다리에서 라이브 연주를 듣고 동전을 던지는 것도, 달팽이 요리를 먹는 것도 전부 태어나서 처음 해본 것들이었다.

이 모든 것을 경험하고 나면 직성이 다 풀릴 것이라고 생각했지만, 오히려 미지의 여행지에 대한 호기심만 부풀었다. 파리 여행 전에 느낀 욕구와 결핍이 더 크게 확장된 것이다. 세계의 곳곳을 여행하고 찍고 먹고 걷고 싶었다. 셔터를 누르는 짜릿한 감각과 세계 곳곳의 이미지를 새로운 프레임으로 수확하는 것에 매력을 느꼈다. 한 순진한 취미 사진가는 그렇게 자신도 모르는 사이에 사진의 세계에 발을 담그고 말았다. 결과적으로 런던과 파리 여행은 사진을 직업으로 삼아 세계를 누비겠다는 막연한 방향성을 갖게 했다. 모험에 대한 동경이 결국 직업 사진가의 삶을 택한 동기가 된 것이다.

그 후 직업 사진가로서 스냅 촬영을 위해 3년 만에 파리를 다시 방문하기 전까지, 세계 여기저기를 여행하며 좀 더 능숙하게 사진을 찍는 법을 터득해나갔다. 첫 파리 여행 이후 다시 떠난 두 번의 유럽 여행에서는 무성한 가지들을 쳐내는 것이 사진에 있어서 중요하다는 것을 깨달았다. 많이 찍는 것보다 몇 장이라도 여행지의 상징적인 모습을 제대로 담아내는 것이 중요했다. 그 몇 장을 누군가에게 보여주고 어떠한 감정을 불러일으키는 것이 여행 사진의 목적 중 하나라는 것도 알게 되었다.

이런 식으로 세상을 둘러보는 것은 당시의 내게 커다란 사진 학교처럼 느껴졌다. 아침의 일출을 잡으러 다니며 색온도를 알게 되었고, 저녁의 일몰이 주는 실루엣을 통해 명과 암을 배웠다. 사진 원본인 RAW파일을 보정하며 계조(명과 암의 밸런스)를, 야경 촬영을 통해 사진 속의 입체적인 시간 개념을 알게 되었다. 가장 큰 수확은 단일 프레임 속의 주제나 상징성을 배운 것이었다. 의미와 목적이 분명치 않은 촬영이었지만 주제나 상징성이 사진에서 중요하다고 느낀 것은 대단한 발전이었다. 혼자서 사진 교재들을 읽으며 그런 감각들을 더했다. 해외 스냅 사진으로 작은 전성기를 맞이했던 시절까지도 내 사진 실력은 풋과일처럼 설익었지만, 그래도 나는 더디게나마 발전하고 있었다.

돌아보니 모든 것이 의미 있는 경험이었다

가보고 싶어 안달이 나 떠났던 파리 여행, 이듬해에 감행한 두 번의 유럽 여행, 무작정 떠난 동남아시아 여행 등 내 방황의 여정들을 통해 결핍으로 가능했던 20대의 내가 어느 순간에 가장 뜨거워지는지 알게 되었다. 나는 누구인지, 무엇을 위해 고통으로 가득한 삶을 인내해야 하는지 알 수 없었던 나에게 여행과 사진은 앞

날의 방향을 보여주었다. 비록 사진 자체의 목적은 불분명했지만, 사진을 찍는 행위 그 자체가 목적지로 건너가는 징검다리가 되었다. 삶이 불투명한 한 청년이 미래에 무엇을 해야겠다고 가슴이 뜨거워진 것만으로도 그 시간은 나에게 바꿀 수 없는 절대적인 경험이 되었다.

  팬데믹 시기에는 사업이 힘든 나머지 사진에 대한 기초가 부족한 것에 대해 자책했다. 떠돌이 여행 사진이 아니라 사진의 기본기를 더 연마해야 한다는 비판적인 생각을 하는 날도 많았다. 그러나 이 글을 쓰는 지금 되돌아보니, 지나간 모든 것이 의미가 있었다. 그때의 내 경험들이 목적을 가지고 쌓인 것은 아니었지만, 지금의 나를 이룬 재료들이 되었다. 나쁜 재료든 좋은 재료든 결국 내 안에 혼합되어 나를 구성한다.

　에세이를 쓰면서 내 과거의 행동들을 재해석할 수 있게 되었다. 글쓰기를 통해 인생의 각 시점에 대한 다른 관점을 마주하는 것이 반갑기도 하고 흥미롭기도 하다. 10년 후 어느 미래에 또 한 번의 에세이를 집필하게 된다면, 그때 나는 지금의 나를 어떤 모습으로 해석할까? 미래의 내가 현재의 나를 돌아보며 부끄러워하지 않도록 좀 더 빈틈없이 열심히 살아야겠다는 생각이 든다.

될 대로 되겠지,
무작정 동남아

방황을 끝내려 방랑을 결심하다

내 생애 가장 기억에 남는 여행은 단연코 동남아시아 여행이다. 런던과 파리를 다녀오고 몇 개월 후 '동남아시아 대륙'이라고도 불리는 태국, 라오스, 베트남, 캄보디아로 떠났다. 20대에서 30대로 자아의 전환점을 맞이했을 때 떠난, 땅과 바람과 강에 몸을 내던지며 흘러가는 대로 가보자고 생각한 여행이었다. 그래서 내 '인생 여행'인 동시에 사진을 직업으로 삼기 전에 떠났던 가장 자유로운 유랑이었다.

방콕으로 들어가 4개국이 있는 동남아시아 대륙을 한 바퀴 돌아서 다시 방콕으로 오는 데에 5주 정도의 시간이 걸렸다. 어느 방향으로 향할지는 대략의 구상만 있었을 뿐, 아무 예약도 하지 않고 떠났다. 더 가고 싶으면 가고, 특정 장소가 마음에 들면 더 오래 머물렀다. 방콕만 유일하게 가본 곳이었고, 다른 지역들은 미지의 영역이었다. 기억에 남는 에피소드가 꽤 많은데, 모든 이야기를 다 담을 수 없기에 몇 가지 경험들만 내게 어떤 영향을 미쳤는지 나누려 한다.

음악과 결별 후 동남아로 떠나다

방황에 방황을 거듭하다가 간신히 대학 과정을 마쳤다. 성적표에는 F의 기록도 있다. 공부를 성실하게 한 시기도 있었으나, 인생에 의문을 거듭 제기하다 보니 철석같이 믿었던 음악과 함께하는 삶에 조금씩 금이 가기 시작했다. 계획한 일에서 능력 부족을 한없이 절감했고, 내 모든 것이라고 생각했던 음악 앞에서 초라해지는 것을 느꼈다. 연습보다는 책을 읽는 일이 잦았다. 지하 연습실을 오가면서도 앞으로 음악으로는 살아남을 수 없을 것 같다는 예감이 들었다. 음악을 하는 삶에 균열이 늘어나자, 조만간 완전히 깨질 것 같은 위태로움을 느꼈다.

결국 2012년의 어느 날, 나는 졸업을 앞두고 음악을 그만둘 것을 선언했다. 내게 남은 것은 취미로 즐기던 독서와 사진뿐이었다. 앞으로 무엇을 하고 살아야 할지 막막했다. 고등학교 친구 중 몇몇은 이미 대기업에서 자리를 잡고 방향이 정해진 인생을 성실히게 연소시키고 있었다. 내게는 그런 연소의 재료들이 없었다. 나중에 돌이켜보니 20대에 쌓았던 독서력과 철학적인 사고들이 40대에 비로소 타오르기 시작해 촬영의 개념과 방향성을 잡는 데에 도움이 되었다. 하지만 이 당시에는 그런 것을 알 턱이 없었다. 나는 그저 놀기만 한 게으른 학생일 뿐이었다.

2012년에 음악에 이별을 고하고 여러 곳을 여행하면서 더욱 방황하고자 하는 방향으로 삶이 흘러갔다. 그런 삶이 이어지면서 파트타임으로 일을 하고 통장에 숫자가 채워지면 출국하기를 반복했고, 2013년 2월에야 겨우 대학 졸업장을 손에 넣을 수 있었다. 종이 한 장의 무게만큼 의미가 희박했지만, 음악이라는 세계를 졸업했다는 증명서를 발급받은 기분이 들었다.

그 의미를 스스로 기념하기 위해 이전보다 더 길고 자유로운 여행을 떠나기로 결심했다. 한 달쯤 지나 서울에서 아예 사라져버리자, 방황에 중력가속도를 더해 내키는 대로 튕겨 나가보자, 그렇게 마음먹었다. 어디까지 방황하고 그 속에서 무엇을 느낄 수 있는지 알고 싶었다. 텅 빈 인생에 여행 하나 더한다고 더 깊은 바닥이 드러날 것도 없어 보였다. 무모한 패기와 카메라라는 친구가 있으니 겁날 것이 없었다. 내가 모르는 미지의 땅에서 셔터를 누르고 싶었다. 무겁고 차가운 쇳덩이에 뜨거운 마음을 불어넣고 싶었다. 방랑하는 청년의 눈에 비친 것들을 기계 안에 수확해 오고 싶었다. 떠나면 무언가 달라질 것 같았고, 그곳에서 인생의 방향에 대한 답을 찾을 수 있을 것 같았다. 못 찾더라도 큰 손해는 아닐 터였다. 아직 내게는 시간이 더 있었다. 막을 수 없는 젊은 혈기를 자유롭게 뿜어내기로 했다.

가늘더라도 길게 여행하기에는 동남아시아 4개국만큼 좋은 곳이 없었다. 비교적 마이너한 여행지를 만나보고 싶은 데다가, 이 지역의 사회와 역사에 대한 책을 인상 깊게 읽은 직후였기에 망설임 없이 항공권을 예약했다. 출국일은 일주일 뒤였다. 목적지와 티켓이 확정되자 여행 준비는 순식간에 끝났다.

당시에는 배낭여행이 아주 흔했는데, 나에게는 더욱 익숙했다. 전해의 스페인 여행도 75리터짜리 빨간색 등산 배낭을 메고 떠났다. 그때와 똑같은 배낭을 그대로 준비했다. 옷은 최소한으로 챙기고, 카메라와 렌즈는 크로스백에 넣어 어깨에 둘러멨다. 무게가 결코 가볍지 않았다. 모두 15kg은 되었다. 캐리어에 달린 바퀴라는 것은 역시나 인류사에서 가장 중요한 발명품이었다. 육군훈련소에서 행군할 때 20kg이 넘는 군장을 메고서 20km를 걸었던 기억이 떠올랐다. 그때는 죽을 만큼 괴로웠지만, 여행을 앞둔 이때는 죽을 만큼 행복했다.

맥주 빛깔 황금 노을에 물든 방콕 여행
○

인천에서 출발한 저가항공사의 비행기는 늦은 밤, 방콕의 수완나품 공항에 착륙했다. 예전의 태국 여행 때처럼 택시를 잡아타고 카오산로드 근처의 숙소에 짐을 던지는 것으로 여정을 시작했다. 길거리 식당에서 야식을 먹고, 여전히 별천지 같은 카오산로드를 한 바퀴 산책하자 전저림 다시 그곳에 동화되기 시작했다.

이튿날에는 여러 장소를 돌아다닌 뒤, 왓아룬 새벽 사원이 보이는 야외 옥상 펍에서 생맥주를 마셨다. 그때 보았던 강의 저편으로

떨어지는 뜨거운 석양이 지금도 잊히지 않는다. 여행의 시작점에서 처음 만난 노을은 생맥주처럼 황금빛으로 빛났다. 마음속 프레임도 같은 빛깔로 물들었다.

맥주로 알딸딸해진 탓인지, 내가 앉아 있는 곳에 대한 감각, 노을을 하염없이 바라보며 깃든 감정, 생맥주 몇 잔이 주는 신선하고 고소한 미각이 뒤섞였다. 이내 이것들이 영원하지 못할 것 같다는 아쉬움이 깃들자, 내가 떠돌고 있는 이 지구상의 위도와 경도를 따져보게 되었다. 친구들은 모두 최선을 다해 어떠한 궤도 위에서 자신의 내부와 외부를 뜨겁게 달구며 달려가고 있었다. 20대 후반을 통과하는 보통의 사람들이라면 생계와 안정된 미래를 위해 무언가를 성실하게 하고 있을 것이다. 하지만 나는 어디로 향할지 모르는 배의 키를 잡고 있는 것 같았다. 아득한 대양 위에서 거친 해풍을 받아 어디론가 멈추지 않고 움직일 듯한데, 그것의 방향성이나 목적지를 당시의 나로서는 조금도 알 수 없었다.

그래도 마냥 두렵고 걱정되지는 않았다. 될 대로 되라는 식으로 살아온 탓인지, 아무것도 가지지 못했을 때 아무것도 계산하지 않은 채로 미지의 여행을 감행할 수 있었다. 가진 것이 없으니 잃을 것도 없었다. 두려움이 없으니 다음 목적지로 이동할 자신감과 용기가 취기와 더불어 올라왔다.

대기업을 다니는 친구와는 반대로 전혀 생산성이 없는 삶을 선택했다. 거꾸로 생각하는 것을 좋아하는 나는 이때도 가장 비생산적인 방식으로 살아볼 결심을 했다. 이런 생각을 하는 사람이 많지 않을 것 같다는 느낌이 들자, 앞으로 한 달간의 여행이 돈으로 살 수 없는 소중한 가치로 가득할 것이라는 기대마저 들었다. 그때 나는 스스로가 마치 고결하고 성스러운 거사를 앞둔 사람처럼 느껴졌다.

자유로운 치앙마이와 소박한 유토피아 빠이
◉

방콕에서 며칠을 보낸 뒤, 비행기를 타고 치앙마이로 향했다. 그곳에서는 스쿠터를 오랫동안 빌렸다. 자동 기어 방식의 스쿠터는 어디든 갈 수 있는 발이 되어주었고, 다행히 단 한 번도 사고를 일으키지 않았다. 스쿠터를 몰고 때로는 무엇이 있을지 모를 먼 곳까지 목적 없이 달려가보기도 하고, 새벽부터 왓 프라탓도이수텝 사원을 향하기도 했다. 자유가 넘치는 일정이었다. 내가 하고 싶은 것을 즉각적으로 하기 좋았다.

이동하는 길이 꽤 멀긴 했지만 빠이라는 곳으로도 달려가보았다. 그 작은 마을에는 할 일이 별로 없었는데, 할 일이 없다는 것 자체가 매력이었다. 아침에는 산책을 하거나 책을 읽거나 숙소의 마당 근처에서 사진을 찍었다. 배가 고프면 식당으로 가서 식사를 하고, 커피를 마시며 멍하니 있거나 마을 근처의 명소에 가보았다. 저녁에는 식사를 하지 않으면 펍에 가서 다양한 여행자들과 거리낌 없이 어울렸다. 펍이 태국인 주인이 '티아라'라는 케이팝 아이돌을 너무나도 좋아한다고 하며 오히려 티아라를 잘 몰랐던 나에게 영상을 보여주었던 기억이 아직도 난다. 그런 소소한 에피소드

와 여행자들 간의 만남이 계속 있었다.

  길에서 산 망고스틴과 맥주만 있으면 더 필요한 것이 없을 만큼 풍족하다고 느꼈다. 대도시의 사람들과 대비되는, 소박하고 욕심 없는 삶이 있는 유토피아를 그린다면 바로 이곳에 가깝지 않을까 생각이 들었다. 물질적인 부족함이 오히려 마음에 풍족함을 주었다. 이런 만족감을 주는 곳을 쉽게 만나기 어려웠다. 한참을 지나 여행했던 쿠바가 유일했다. 쿠바는 공산주의 체제를 유지하고 있기 때문에, 물자나 기업이 극히 한정적이다. 모든 것이 한국보다 부족하지만, 나는 쿠바에서 더 많은 것을 필요로 하지 않았다. 맥주와 럼, 그리고 살사만 있다면 그날은 남부러울 것 없이 풍성했다.

  인스타그램이 대중화되면서부터 여행의 기조가 많이 달라졌음을 느낀다. 어느 순간 여행은 사진이나 영상을 남기기 위한 것이 되었다. 전형적인 여행의 장면들이 양산되면서 자유보다는 획일적인 목적을 추구하는 여행자들이 많이 보인다. 가장 멋진 것을 만나는 것만이 여행의 목적은 아니다. 미지에 대한 동경과 모험 가득한 여정 자체가 여행의 목적이 되기도 한다.

나는 이 여행에서 만난 사람들과 마음이 통해 함께 술을 마시거나 각자의 이야기로 대화를 나누는 것이 참 좋았다. 잘하지 못하는 영어도 불편하지 않았다. 네덜란드 아저씨가 한국 공주시에서 본 왕릉들의 곡선에 감동했다는 이야기를 아직도 잊지 못한다. 라오스 루앙프라방의 도미토리를 같이 쓰게 된 여성 여행객이 방에 딸린 욕실에서 샤워를 마치고 나오면서 손빨래한 속옷을 탁탁 털어 빨랫줄에 무심하게 널며 "안녕하세요"라고 인사한 것도 잊히지 않는다. 그런 사소하고도 소박한 이야기 하나하나가 영화의 한 장면처럼 가슴에 깊이 새겨졌다. 이 작은 각인들이 십수 년이 지난 지금도 남아 있다.

이런 이야기들은 인스타그램에서는 표현할 수 없는 경험들이다. 나는 인스타그램이 소모하고 마는 이미지보다 이런 문학적인 냄새가 나는 풍경들에 더 마음이 간다. 그래서인지 나는 지금도 인스타그램에서만 빛나는 여행보다는 나 자신만의 장면을 찾기 위한 여행을 추구한다.

어떻게든 가다 보면
길이 생긴다

매홍손으로 향하는 길

빠이에 있는 오토바이 렌털숍 분점에 스쿠터를 반납했다. 여행사에서 운행하는 버스를 타고, 더 북쪽에 위치한 작은 마을 매홍손으로 향했다. 미니밴에 앉아서 비포장도로의 노면을 온몸으로 받으면, 1980년대 메탈 밴드의 음악에 어울리는 헤드뱅잉을 경험할 수 있다.

한국인은 거의 없었는데, 유일하게 내 옆에 한 중년의 신사가 계셨고 그분과 이런저런 이야기를 나눴다. 자신은 50대 중반이고, 가끔 이렇게 혼자서 여행을 한다고 했다. 친구들은 대부분 골프 여행을 떠나지만, 자신은 중국의 가장 깊숙한 지역들이나 베트남 북부, 티베트, 태국 북부 등을 다닌다고 했다. 현지인의 집에 숙박을 하면서 모험을 하듯 여행하는 것이 골프 여행보다 훨씬 즐겁다고 했다. 자신만의 진정한 자유를 만끽하고 있는 모습이었다. 전형적인 형식의 여행을 추구하기보다는 자신만의 이야기를 새기는 모험가의 모습에 동경심을 느꼈다. 덕분에 50대 중반이 된 나의 모습을 그려 볼 수 있었다. 매홍손에 도착하고서는 더 대화를 나눌 수 없었지만, 그분은 지금도 흰머리가 빼곡한 모습으로 미지의 곳을 찾아서 모험을 하고 있을 것만 같다.

나와 그분 외에는 매홍손을 아는 한국인 여행자를 만난 적이 없다. 매홍손은 태국과 미얀마의 국경 가까이에 있는 아주 작은 마을이다. 나는 이곳을 어떻게 알고 왔을까? 빠이에서 다시 치앙마이로 내려가서 라오스로 바로 이동할 수도 있었을 텐데 말이다. 매홍손까지 올라가는 바람에 나의 여행 지도는 비죽 뻗은 사과 꼭지를 그리게 되었다.

매홍손은 태국 안에 중국이 자리 잡은 곳이다. 원래는 소수민족들이 거주하던 곳이었는데, 국공 내전 당시 패배한 국민당의 사람들 중 일부가 이곳까지 내려왔다가 갈 곳을 잃고 정착했다. 아마도 패전한 군대는 국민당이 있는 타이완까지 가기 어려웠을 것이다. 국공 내전으로 밀려온 사람들의 삶은 어떤 색과 대비를 가진 것일까 궁금했다.

잠잠하고 고요한 이 도시에는 불교색이 가득했다. 태국 소수민족의 색과 중국의 색이 혼재되어 있는 모습이 매우 이색적이었다. 도착하여 가장 괜찮아 보이는 호텔에 체크인을 했다. 다시 오도바이를 빌려서 산 위에 있는 도이꽁무 사원으로 올라가 마을을 내려다 보았다. 해가 서서히 질 무렵에는 총캄호수에서 풍경 사진을 찍기도 했다. 그날따라 운이 좋게도 마을의 축제가 있었다. 처음 보는

사람들 무리에 동화되어 축제 음식을 함께 먹었다. 그곳에는 그들만의 담백한 색과 특별한 대비감으로 가득했다. 인스타그램에 나오는 인기 있는 여행 스팟이나 사진 명소 같은 곳은 전혀 없었지만, 오히려 세상의 관심 바깥에 존재하는 사람들을 직접 만나볼 수 있었다. 지금도 이때의 여행들이 그립다. 유명하지 않은 것, 가장 사소한 것으로부터 비롯된 각인을 오랫동안 새길 수 있었기 때문이다.

매홍손에서 빌린 오토바이를 타고 카렌족이라는 소수민족을 만나러 가기도 했다. 가는 길이 험난할 것이라는 오토바이 렌털숍 직원의 말은 사실이었다. 실제로 가는 도중에 길이 끊어지고 계곡이 등장했다. 당황했지만 다행히 물이 깊지 않았다. 신발을 벗고 바지를 무릎까지 걷어 올린 채 조심스레 오토바이를 끌고 미끄러운 계곡을 건넜다. 그러다 어느새 커다란 코끼리가 무성한 숲을 헤치고 내 앞에 모습을 드러내기도 했다. 공격성이 없는 코끼리라서 다행이었다. 길을 갈수록 내가 인디아나 존스가 되는 것 같았다. 길은 어디까지 어렵고 험난한 것일까.

그래도 포기하지 않고 굳세게 계속 나아가보기로 했고, 지도를 따라가다 보니 카렌족을 만날 수 있었다. 그들의 생활상은 실제로 좋지 못했고, 인간의 평등에 대한 부정적인 생각들이 머릿속에 떠올랐지만, 이 글에서 자세히 소개하기는 어렵다.

이후 역사적인 유적지가 있었던 치앙라이로 갔다가 다시 라오스로 향했다. 루앙프라방으로 가는 버스를 탔는데, 이동 시간이 자그마치 23시간이나 걸렸다. 태어나서 처음으로 육로를 통해 국경을 넘는 경험을 했다. 버스는 세 번의 식사 시간에 맞춰서 정차했고, 밥을 먹고 다시 차를 타면 새우 자세나 요가 자세로 잠이 들었다. 그러다가 심야에 땅이 울리는 진동이 일었다. 지진인가 해서 깜깜한 창밖을 유심히 보니 수백 마리의 소 떼가 길을 건너느라 땅이 흔들리고 있었다. 믿을 수 없는 광경이 현실에서 벌어지고 있었다. 칠흑 같은 밤의 경험이라 그런지 꿈인지 현실인지 헷갈렸다.

이런 비주류 지역의 여행을 사람들은 '제3세계 여행'이라고 일컫는다. 유명 여행지가 아닌, 사람들의 관심이 거의 없는 국가나 장소. 하지만 이런 곳에서도 사람들이 나와 다르지 않은 현실을 살아가고 있었다. 실제로 가보면 '세상에 이런 곳도 있구나' 하는 생각이 든다. 발전된 지역의 여행보다 더 값어치 있는 경험을 하게 된다. 역시나 이런 곳에 인스타그램의 감성은 전혀 없다. 하지만 여행은 인스타그램이 있기 전부터 존재했다.

라오스에서 만난 잔잔한 풍경들
◉

라오스의 루앙프라방, 방비엥, 비엔티안을 여행하는 동안에도 태국의 시골처럼 잔잔한 풍경들을 만났다. 환경은 오히려 태국보다 열악했다. 음식과 즐길 거리의 종류가 비슷하거나 더 적었다. 도로도 상태가 나빴고 숙소들도 많지 않았지만, 없으면 없는 대로 좋았다. 할 일도 별로 없어서 자전거를 빌려 메콩 강가를 천천히 달렸다. 아이들이 강가의 모래사장에서 재미있게 놀고 있었다. 나는 가까이 다가가서 인간 탑을 하는 모습을 사진으로 찍어주겠다고 했다. 이때 작은 포토프린터를 가지고 있어서 사진을 찍고 즉석에서 인화해 선물로 주었다. 작지만 반짝이는 순간들이 여행 내내 잔잔한 울림을 주었다.

이국의 현실 속에 동화된 베트남
◉

라오스에서 일정을 마치고, 베트남의 호찌민까지 비행기로 이동했다. 호찌민의 도로 위에서 본 오토바이 무리는 가히 충격적이었다. 호찌민이라는 도시에 이렇게 많은 사람이 단기통 엔진의 소음과 매연을 뿜으며 살아갈 것이라고, 지금까지 단 한 번이라도 상상해본 적이 있었던가?

다른 지역에서도 마찬가지였다. 무이네, 나짱, 호이안 같은 다른 작은 마을에서도 '여기도 사람 살아요'라는 생각이 거듭되었다. 소설 속 한 챕터처럼, 한국에서 살던 삶과는 완전히 동떨어진 것이었다. 하지만 내 발로 걷고, 내 눈으로 보고, 내 입으로 먹고, 내 카메라로 찍었다.

이런 경험들은 내 사고를 고정관념에서 완전히 이탈시켰다. 한국에서는 실업자와 다름없으므로, 어느 곳에도 속박되지 않은 신분으로 바라본 이국 사람들의 일상적인 모습은 묘한 동화를 일으켰다. 상상력이 조금 더 확장된 느낌이었다. 내가 만약 이곳에서 살아간다면 어떤 미래를 그릴 수 있을까, 생각하며 그들의 삶의 풍경에 내 모습을 겹쳐보기도 했다.

비움의 여행, 캄보디아 앙코르와트

◉

　다시 호찌민으로 갔다가 버스를 타고 또 한 번 국경을 넘어 캄보디아의 시엠레아프로 향했다. 2월 초에 출발했던 여행은 어느덧 3월 초에 접어들었다. 보통 동남아시아 4개국을 여행하기에 최적의 시기는 12월부터 2월까지다. 건기에 해당하는 날씨로 비가 잘 오지 않고, 기온도 다소 내려가서 북쪽 지역에서는 선선한 기운마저 느낄 수 있다. 치앙마이와 같은 위도에서는 한국의 5월 정도의 기온을 보였고, 남쪽 도시인 방콕도 꽤나 시원해서 현지인들은 이때 가죽 의류나 패딩을 입어본다고 한다.

　하지만 3월부터는 불볕더위가 몰려온다. 내가 시엠레아프에 도착했을 때는 매일같이 기온이 35도를 넘나들었다. 그럼에도 이곳의 가장 중요한 명소인 앙코르와트를 자전거로 돌아보기로 결정했다. 여행을 거듭할수록 못할 것이 없다는 오기가 생겼다. 원래는 오토바이를 빌려서 숲에 잠긴 거대한 사원을 편하게 둘러보고 싶었지만, 캄보디아에서는 여행자에게 오토바이를 빌려주지 않는다고 했다. 보통은 투어 프로그램을 신청해 단체로 사원을 둘러본다고 하는데, 나 같은 자유로운 사진장이에게는 어울리지 않았다. 내가 원하는 곳에 원하는 만큼 머물고 가고 싶은 만큼 가야 여행의 진면목을 체감할 수 있었다.

　자전거를 빌려서 미리 사눈 샌드위치와 음료 등을 바구니에 넣고, 줄이 달린 이어폰으로 20세기의 컨트리나 록 음악을 들으며 신나게 페달을 밟아 숲속의 비밀 사원으로 향했다. 이른 아침에 출발했음에도 땀이 수돗물처럼 쏟아졌고 정수리는 열기로 뒤덮였다.

그래도 좋았다. 나무가 벽을 잡아먹은 듯이 성장한 신비로운 사원의 내부를 걷고, 사진도 찍고, 사색도 하고, 멍하니 쉬기도 했다. 분명 무언가를 하고 있었는데 채운다기보다는 비우는 느낌이 들었다. 곧 한국으로 돌아가겠지만 큰 걱정은 들지 않았다. 여행이 나를 낙천적으로 만든 것일까. 상관없었다. 스펑나무가 앙코르와트 사원의 벽을 잠식하듯, 이곳 특유의 정적이면서도 이국적인 분위기가 나를 압도하고 있었다. 고민거리들은 적어도 앙코르와트에는 없었다.

늦은 오후에 자전거를 타고 시엠레아프 시내로 들어왔을 때는 온몸에 땀이 흥건해 양동이로 물을 맞은 것 같은 꼴을 하고 있었다. 당장 숙소로 돌아가 씻는 것이 급선무였지만, 길가에서 한국 식당을 발견하고 참새가 방앗간 안으로 들어가듯 자연스레 들어가 식사를 했다. 메뉴판에 삼겹살이라는 단어를 보자마자 바로 2인분을 주문했다. 고기는 대패로 저민 것처럼 얇았고 쌈장은 이색적인 맛이었지만, 그런 것은 아무런 상관이 없었다. 이 여행 최초로 먹은 한식이었다. 목구멍으로 삼겹살과 쌈장이 미끄러져 들어갈 때, 비로소 집에 돌아갈 시간이 얼마 남지 않았다는 것을 깨달았다.

여행에서 얻은 용기와 전환 포인트
◉

다시 한번 야간 버스를 타고 방콕으로 이동해 며칠을 더 보낸 뒤 여행이 끝났다. 동남아시아 여행은 12년이 지난 지금도 가끔 곱씹게 되는 인생 여행이었다.

 이 여행기를 들은 사람들의 반응은 반반이었다. 절반은 왜 이런 여행을 했는지 공감할 수 없다는 표정을 지었다. 나머지 절반은 모험적인 여행이었겠다며 흥미를 보였다. 애초에 누군가에게 자랑거리를 만들고 싶어서 떠난 여행이 아니었기에, 타인들의 반응은 상관이 없었다. 그저 가진 것 없고 정해진 미래가 없는 한 청년이 되려 더더욱 알 수 없는 곳으로 여행을 떠났다는 점이 내게 큰 의미로 남았다.

 긴 인생의 일부를 반추해보면 마치 영화 속의 한 장면처럼 재생될 때가 있다. 어떤 여정은 스스로가 인생의 디렉터가 될 수도 있다는 자신감을 느끼게 한다. 그런 여행은 주류의 세계 바깥에서 이루어질수록 더욱 특별해진다. 인스타그램의 장소 인증식 여행이 대세가 되기 전에 경험한 마지막 여행의 낭만이 여기 있었다. 대단한 사진을 찍은 것도 아니고, 대단한 경험을 한 것도 아니지만, 사소하고 작은 이야기들이 모여서 꽤 크고 잔잔한 추억의 호수가 되었다. 지금도 이 호수는 기억 속에서 마르지 않는다. 티아라를 좋아한다는 빠이 펍의 주인, 매홍손으로 향하는 버스에서 만난 한국인 중년 신사, 앙코르와트 사원을 장악한 무성한 스펑나무들이 기억 속에 깊이 새겨졌다. 이 장소들을 찍으면서 어쩌면 자유 너머의 길을 갈구하는 나를 발견했는지도 모르겠다.

 20대라는 터널을 지나고, 30대라는 터널의 초입에 서서, 무(無)에 가까운 내가 할 수 있는 것들을 스스로 디렉팅해볼 수 있겠다는 용기가 생겼다. 철없던 시절의 '될 대로 되라'는 마인드에서 '될 대로 한번 만들어보자'는 의미 있는 전환 포인트가 생겼다. 이것이 내가 이 여행에서 찾을지도 모른다고 생각했던 답의 일부가 아니었을까? 비록 나의 30대는 완전한 성공을 이루지 못하고 실패의 딱지를 붙이게 되었지만, 다시 돌아간다고 해도 나는 신발을 벗고 바지를 걷어 올린 채 오토바이를 끌고 아슬아슬하게 미끄러운 계곡을 건너고 있을 것이다. 잘 살았든 못 살았든, 그것이 바로 '나'인 것은 다르지 않을 것이다.

#2  사진가의 배움에는
장르 경계가 없다

직업 사진가가 되기 위한
나만의 공부 비법

답이 달라졌으니 질문도 바뀌어야지

20대의 방황을 끝내고 직업 사진가가 된 지 10년이 지났다. 그동안 좀 더 나은 사진을 위해 다방면으로 공부를 해왔다. 이제는 다른 사람들에게 사진에 대해 말할 수 있는 정도의 실력이 쌓였고, 강의를 통해 다양한 사람들을 만나오고 있다.

내가 가르치는 제자들이나 세미나에서 만나는 다양한 사진가들이 공통적으로 묻는 질문이 있다. 바로 "어떻게 하면 사진을 잘 찍을 수 있을까요?"이다.

'사진을 잘 찍는다'는 것은 너무나 광범위하고 불분명한 표현이다. 사진은 0부터 100까지 2차원의 직선으로 나열된 레벨이 아니라, 3차원의 세계 혹은 그 이상의 보이지 않는 세계 어딘가에 자리한다.

'사진을 잘 찍는다'는 표현 자체가 사진을 바라보는 오래된 방식의 언어라고 생각한다. 과거 앙리 카르티에 브레송처럼 카메라를 들고 캔디드 포토를 촬영하는 것만으로 작업이 완성되던 시대는 저물었다. 지금은 디지털 보정과 포토샵은 물론, AI 보정 프로그램까지 발전한 세상이다. 따라서 이제는 사진을 '잘 만든다', '잘 작업한다'는 말이 더 적합하다. 최종 결과물을 만들고, SNS에 올리고, 자신만의 디지털 갤러리를 열고, 이미지를 판매하는 마케팅 단계까지 모두 사진 작업의 큰 틀 안에 포함된다. 카메라만 들고 무언가를 잘 찾아 찍는 것이 대부분이던 시대를 지나, 카메라 조작부터 아웃풋과 셀링까지 모든 단계를 아우르는 것 속에서 "어떻게 하면 사진을 잘하는가?"라고 물어야 할 때다.

잘 만들려면 잘 먹어야 한다

사진을 잘하려면 어떻게 해야 할까. 십수 년간 그 해답을 찾아 헤맸던 나로서, 한번에 이해되는 아주 쉬운 말을 발견했다. 바로 '먹은 만큼 싼다'는 것이다. 이 말을 들으면 사람들은 직관적으로 이해하고 아! 감탄사를 내뱉으며 고개를 끄덕인다. 그럼 사진가들은 대체 무엇을 먹어야 좋은 아웃풋을 만들 수 있을까? 어떤 식사와 간식과 야식을 먹어야 작가들의 영혼을 배불리 채울 수 있을까.

나처럼 카메라와 렌즈라는 기계 장비가 주는 매력에 빠져 이 길로 들어선 사람들이 꽤 많다. 처음부터 사진의 세계가 좋았던 것이 아니라, 무언가를 듬직하게 담아내는 쇳덩이가 멋있었던 것이다. 그러다 사진을 현상하거나 스캔하고, 결과물을 어딘가에 올리고, 사진으로 칭찬을 듣는다는 것을 알게 되면서, 차츰 이 기계로 어떤 세계들을 담아낸다는 것을 깨달았다.

대부분 카메라를 다루는 능력은 점차 나아진다. 카메라를 샀을 때 동봉된 설명서는 진작에 내팽개쳤어도, 강의를 듣거나 온라인 커뮤니티에서 조언을 얻고, 유튜브를 통해 조작법을 익혀나간다. 사진 동호회에 나가 비슷한 사람들을 만나고 친목을 다지며 카메라 다루는 실력을 조금씩 늘려가기도 한다.

결국 자기 카메라를 제대로 못 다루는 사람은 없다. 카메라와 렌즈는 고가의 사치품이기도 하다. 그래서 신형 모델이 나오면 전리품을 탐하는 도적 떼처럼 신제품 구입에 열을 올리거나, 쓰던 렌즈를 팔고 다른 렌즈를 사서 써본다. 취미 사진가들의 관심사가 자연히 그쪽으로 쏠리므로 카메라에 대한 관심을 굳이 가르쳐줄 필요가 없는 것이다.

문제는 그 카메라로 무엇을 찍느냐이다. 내 경험상 보통은 서울의 사대문 안을 산책하며 만나는 풍경이나 가끔 지인이 소개해준 친구를 찍는다. 삼각대를 마련한 날이면 한강 주변의 야경이나 달을 찍기도 하고, 마음이 내키면 바다로 달려가 서해안의 일몰이나 동해안의 일출을 찍기도 한다. 여력이 좀 되면 은하수까지 담아볼 수 있다.

이렇게 취미로 2~3년 안에 찍어볼 것들이 꽤나 많다. 하지만 그런 사진들은 대개 비슷비슷한 사진이 된다. 자신만의 시선으로 개성 있는 사진을 개발하려 해도, 이 좁은 땅에 카메라를 든 사람이 너무나 많다. 핑크뮬리가 피면 사진 찍는 사람들로 공원이 초토화되고, 매화가 만발하는 봄의 광양에서는 매화 한 그루당 사람 한 명씩 매미처럼 나무에 붙어 있다. 실력을 완벽하게 갈고닦아 자신만의 독특한 사진으로 대중성과 예술성을 동시에 잡는 것은 바늘구멍에 낙타가 들어가는 것만큼이나 어려운 일이다.

 그렇다면 이토록 비슷비슷한 사진들을 찍지 않으려면 어떻게 해야 할까. 아니, 자기만의 세계관을 구축해 작가적인 메시지를 보내고, 경제적 성공까지 거두는 사진가가 되려면 어떻게 해야 할까. 더 간단히 말해, 좋은 사진가가 되려면 무엇을 먹어야 할까.

 결론부터 말하자면 인문학과 예술을 많이 섭취해야 한다. 현미밥에 가지 반찬, 생선구이, 된장국, 양배추 샐러드 등 섬유질과 단백질이 풍부한 식단을 섭취하듯이 말이다. 포토 세미나에 오시는 분들 대부분이 예술과는 거리가 먼 삶을 살아오다가 카메라가 좋아 기기를 구입하고 촬영을 해보는 경우가 많다. 남중, 남고, 공대, 군대, 남초 직장을 거친 분들이 딱딱하게 굳은 감성으로 말랑말랑한 것을 카메라에 넣어보려니 어색한 사진만 나오다가, 결국 "나는 사진이 아니라 카메라 자체가 취미다!"라고 선언하는 기계주의자들도 종종 본다. 사진가가 되어 사진 작업을 펼친다는 것은 예술의 한 장르를 시도하는 것이기에, 자신이 얼마나 예술적인가를 따져봐야 하는 순간이 온다. 사진가와 예술은 떼려야 뗄 수 없는, 이와 잇몸 같은 관계다. 둘 중 하나가 없는데 고기를 씹을 수 있을까?

사진가의 정신적 자양분, 문학과 철학

◉

나는 어린 시절부터 책을 좋아했던 문학 소년, 책돌이었다. 학교를 마치고 집에 오면 책가방을 던지고 소파에 반쯤 누워 저녁 식사 시간이 될 때까지 책을 들었다. 피아노를 치는 시간 외에는 거의가 책과 함께였다. 주로 문학책과 역사책을 읽었다. 질풍노도의 시기를 거치며 잠시 책과 멀어졌지만 대학에 들어가서는 다시 책을 들었다. 음악이 전공인데도 도서관이 가장 친숙한 공간이었다. 연습실에서 보내는 시간도 많았지만 도서관에서 책을 읽을 때 비로소 대학생이 된 느낌을 받았다.

가장 많이 읽은 책이 민음사의 세계문학 전집이었다. 헤르만 헤세부터 제임스 조이스, 알베르 카뮈, 도스토옙스키, 그리고 가장 좋아했던 어니스트 헤밍웨이까지, 이들의 작품이 내 삶의 근간이 되어주었다. 내 방 책꽂이는 문학 서적으로 가득했고, 내가 음악을 전공하는 학생인지 문학을 전공하는 학생인지 모를 정도로 소설에 심취했다. 100년도 더 된 이야기들이 방금 일어난 일처럼 생생하게 읽혔다. 쉽게 독파하기 힘든 도스토옙스키의 『죄와 벌』과 『카라마조프가의 형제들』은 군 시절에 읽었다. 딴생각 없이 책만 읽을 수 있는 시간이었기에 가능했다.

세계문학은 내게 유신론, 무신론, 유물론, 관념론, 형이상학 등의 철학적 이해를 도왔다는 점에서 큰 의미가 되었다. 행복하지 못했던 유년 시절과 중학교 시절 이후 와해된 가정 상황은 내 삶의 밑바탕에 결핍으로 남았다. 땅에 닿지 못하는 두 발로 어느 곳에 무슨 의미를 두고 서 있는지 몰라 늘 혼란스러웠다. 앞으로 어떤 삶을 살아가야 할지 몰라 방황했다. 세상 모든 것이 우연의 결과물이고 나 자신만을 믿고 의지하며 모든 운명을 스스로 개척해야 하는 것인지, 아니면 절대자인 신이 있어 세상에 의미와 목적을 부여하고 모든 것들이 방향성을 가지는 것인지에 대해 고민했다. 세계문학에는 이런 고민의 과정과 해답들이 담겨 있었다. 『호밀밭의 파수꾼』의 주인공 홀든 콜필드는 학교에서 퇴학당한 뒤 이틀 동안 방황하며 어른들의 위선과 가식에 염증을 느끼고 순수했던 어린 시절을 그리워했다. 주인공이 인간관계에 실패하고 외로움에 빠지는 성장통을 그린 고전들은 삶과 세상을 마주한 작디작은 내가 어떤 위치에 있고 어떤 희망을 품고 살아야 하는지 많은 깨달음을 주었다. 나 역시 결코 다르지 않았기 때문이다.

세계문학은 나를 철학의 세계로까지 인도했다. 깊이 파고든 것은 아니었지만 플라톤부터 니체까지 철학 서적을 꽤 읽었다. 이후 동양철학과 서양철학을 기웃거리다가 기독교 사상까지 입문하게 되었다. 기독교 변증론자이자 소설가인 C. S. 루이스의 책을 읽고 교회에 가보게 된 것처럼, 나의 20대는 내내 변화의 시간이 이어졌다.

30대에는 시까지 관심을 두게 되었다. 사진 작업에 도움이 될까 싶어 시집을 읽다 보니, 사진이 시와 닮은 예술이라는 것을 알게 되었다. 함축성과 운율 같은 부분이 특히 그러했다. 사람들은 시를 읽고 각 행을 분석하기보다는 시 전체의 향기를 느끼려고 한다. 사진도 마찬가지다. 사진전에서 어떤 친구가 "이 사진은 말이야, 전경, 중경, 후경의 배치가 의미가 있고 색 내비가 드러나 주제가 돋보여" 하고 귀에 대고 분석을 읊는다면, 나는 그와는 친구가 못 될 것 같다. 사진도 눈으로 보고 가슴으로 느끼는 부분이 분명히 있다. 시는 단어로, 사진은 피사체로 이미지를 형상화하고 때로 콘트라스트를 만든다는 점에서 매우 닮아 있다. 너무 어려운 시는 읽다가 포기했고, 대중적인 시집은 감성적인 사진을 찍던 시절에 꽤 도움이 되었다.

하라는 전공 공부는 안 하고 딴 길로 샜으니, 어찌 보면 음악에 실패한 것이 당연했던 것이 아닐까 되돌아보게 된다. 사람들은 내가 이렇게 '놀았다'고 말하면, 그래도 "그 시절이 있었기에 지금의 작가님이 있는 것 아니겠냐"고 말해준다.

영화에서 배운 미장센과 몽타주

20대에 전공을 뒷전으로 미뤄두고 얼마나 '딴짓'을 했는지 고백하는 모양새가 되지만, 책뿐 아니라 영화도 심각하게 좋아했다. 친구들이 유럽 축구를 보고 있을 때 나는 작가주의 감독들의 필모그래피를 따라 보며 그 감독들을 파고드는 것을 즐겼다. 일주일에 영화 7편을 보기도 했다. 목적은 없으면서도 의무감처럼 영화를 섭렵해야겠다고 생각하며 예술적 섭취를 즐겼다. 정말 맛있었다. 클린트 이스트우드, 데이비드 핀처, 쿠엔틴 타란티노, 마틴 스코세이지 감독들의 작품 등 1970년대부터 2000년대까지 나온 좋은 영화들을 정말 많이 봤다. 주세페 토르나토레 감독 영화의 서사 속에서 눈물을 짓고, 이와이 슌지 감독의 청춘 로맨스 영화에 가슴이

몽글몽글해졌다.

필름을 본다는 것, 그것이 내 사진 작업에 결국 도움이 되었을까? 지금도 봉준호 감독의 영화를 다시 보며 그의 장면 세팅과 연출, 배우들을 통해 말하고자 하는 메시지를 떠올려본다. 그러면 사진이라는 장르가 얼마나 단순한 것인지 생각하지 않을 수 없다. 영화 필름은 2시간 이상의 시간을 장면들로 채워야 하는데, 사진가들은 사진 한 장에 얼마나 공을 들이는지 비교하게 된다.

영화에서 받은 영향 중 두 가지를 꼽자면 미장센과 몽타주다. 왕가위 감독의 〈화양연화〉는 수십 년이 지나도 그 붉은 색채와 강렬한 눈빛 연기가 잊히지 않는다. 이와이 슌지 감독의 〈러브레터〉에서 "오겡끼데스까"를 외치며 눈물짓던 그 장면 역시 뇌리에서 지워지지 않는다. 사진 역시 그러한 미장센을 단일 장면으로 만들어낼 수 있다.

사진가로서 사진 한 장에 몽타주의 압축감을 어떻게 표현해야 할지 역시 어려운 과제가 아닐 수 없다. 몽타주는 시간순이 아닌 감독의 의도에 따라 장면을 배열해 메시지를 전달하는 중요한 영화적 장치다. 크리스토퍼 놀런 감독의 〈인셉션〉을 보면 몽타주를 빠르게 이해할 수 있다. 나는 이것을 대학 교양 시간에 구로사와 아키라 감독의 흑백 고전 영화 〈라쇼몽〉을 통해 배웠다. 그때는 그저 영화가 좋아서 빠져들었을 뿐인데, 사진가가 된 후로 톡톡히 도움을 얻고 있다.

음악, 사진에 역동을 불어넣는 힘

◉

애니메이션도 좋아했고, 미술관에 다니거나 서양미술사를 공부하는 등 문화예술 분야라면 가리지 않고 관심을 보였지만, 그중 가장 열의를 보인 것은 역시 음악이었다. 나는 어려서부터 피아노를 쳤고, 고등학교 밴드부에 들어간 후 대중음악에 푹 빠져 독서실, 학교, 버스, 지하철 등 어디서든 음악 없이는 숨조차 못 쉬는 물고기가 되어버렸다.

그 물고기가 바다에 뛰어든 사건이 있었으니, 바로 두 번의 실패 끝에 4년제 실용음악과에 입학한 것이다. 결과적으로 음악 전공자로서 성공하지는 못했다. 지금에 와서 한 가지 알게 된 것은 내가 직접 노래하고 연주하는 것보다 음악을 감상하며 즐기는 것을 더 좋아했던 것이다. 음악 세계 속 나의 영웅들은 나 대신 내 내면을 끄집어내고 표현해주었다. 에릭 클랩턴의 음악을 들으면 블루지하고 끈적하며 록킹한 사람이 되는 것 같았고, 빌 에번스의 피아노 연주를 들으면 차분하고 울적하며 담담한 사람이 되는 듯했다.

음악 속에서 살았던 그 시절이 지금의 나와 끊어지지 않고 계속 연결되어 있다. 더욱 예술적인 사진가가 되고 싶다는 나의 욕구를 바탕으로, 지금의 내가 머리와 가슴을 함께 사용해 작업물을 만들 수 있다는 것이 얼마나 다행인지 모른다. 그 시절 하루를 헛되이 보냈나는 죄책감이 마음 밑바닥을 파고들기도 했지만, 그것이 또 다른 곳에 흙을 쌓아 예술이라는 고지대를 만들기도 했다. 인생에는 골짜기도 있고 산등성이도 있었던 것이다.

사진가의 필수 코스, 여행

　내가 최종적으로 가장 열심히 먹었던 것은 여행이었다. 카메라를 짊어지고 멀리 떠났다. 팬데믹 이전까지 두 번째 여권의 절반쯤을 가득 채웠을 만큼 출국과 입국을 반복했다.

　스페인, 그리스, 스코틀랜드 같은 나라는 고독감과 삶의 여백을 깊이 느끼게 해준 여행지였다. 이런 감각들을 여행만으로 얻기는 어려운 듯하고, 세계문학 등 다양한 독서 이력이 쌓여 시너지를 낸 것이라 생각한다.

　저 먼 카리브해의 쿠바는 세 번이나 방문했다. 내가 사는 곳과의 물리적 거리뿐 아니라, 사람들의 생각의 거리도 정말 멀다는 것을 깨닫게 했다. 이곳에서 지낸 경험들은 사람들의 삶에 깃든 행복의 기준에 대한 나의 주관을 흔들어 놓았다.

　앞에서도 언급했지만, 누군가 내 인생 여행지를 물을 때 나는 사람들이 기대하는 곳과 달리 '동남아 4개국'을 꼽는다. 태국, 베트남, 캄보디아, 라오스 여행은 음악을 접고 새로운 삶의 지향점을 찾으러 떠났던 여정이었다. 그 여행을 통해 삶의 위안과 치유의 힘을 얻을 수 있었다. 남들과 다른 삶을 비난하지 않고 오히려 장점으로 삼아 나만의 것을 해볼 수 있지 않을까 성찰한 여행이었기에, 내게는 너무나도 귀중한 추억이다. 여행은 나를 성장시켰고, 셀 수 없이 많은 콘트라스트를 만나게 했으며, 그로 인해 나는 나의 콘트라스트 역시 찾게 된 것 같다.

　스물두 살부터 대학 생활을 시작했으니, 해외를 누비던 약 15년 동안 정말 많이 '먹고' 다녔다. 이 책에 담긴 여행은 극히 일부분일 뿐이다. 예전에는 많이 놀았다고 생각했는데, 지금 돌이켜보니 이 모든 것이 나의 자산이 되었다. 이 자산을 인정받기까지 버텨낸 나에게 수고했다고 말하고 싶다. 그때 버텼기에 지금 이토록 풍성한 산출물을 만들 수 있었다.

문화예술을 과식하는 것은 언제나 옳다

'사진을 잘 찍고 싶다'에서 '사진을 잘하고 싶다'로 바뀐 물음에 대한 해답은 예술을 많이 먹는 것, 즉 과식하는 것이다. 예술에 몸담고 싶은 사람이 예술을 먹어보지 않고 그 맛이 어떤지 알기 어렵다. 명작 드라마와 영화를 많이 보고, 홀로 심야 극장을 찾아 엔딩 크레디트가 다 올라갈 때까지 앉아 여운을 즐겨봐야 한다. 극장을 나와 도심의 깊은 밤을 홀로 쓸쓸하게 터벅터벅 걸으며 생각에 잠기고 새벽 공기를 허파 가장 깊은 곳까지 마셔보기도 해야 한다. 좋은 음악을 들어도 좋다. 인기 차트 속의 음악보다는 손으로 연주한 음악들을 들으며 인간의 손으로 만드는 앙상블의 관계와 공간에 대해 생각해봐야 한다. 그것이 작은 세상을 표현하고 있다는 것을 알아야 한다. 마일스 데이비스의 〈So What〉을 들으며 콘트라베이스의 깊은 떨림을 느끼고 관악기와 피아노의 협연과 함께 드럼 비트에 맞춰서 스윙해봐야 한다. 시를 읽고 말을 곱씹으며 단맛을 느껴보기도 하고, 코에 닿는 은은한 아로마도 맡아보아야 한다. 화가들의 전시회에 찾아가 프레임의 의미와 표현의 방향성을 바라보아야 한다. 이탈리아 소도시에서 맛있는 파니니를 먹어보고, 태국 방콕의 유명 레스토랑에서 지역 음식을 맛보고, 뉴욕에서 이민 1세대로부터 이어진 피자를 맛보고, 일본 나고야에서 히츠마부시(장어덮밥)에 가쓰오부시 국물을 부어 질감과 향의 최상의 조화를 음미하는 것, 그런 것들은 결국 예술가의 탄탄한 근육이 되어줄 것이다.

  이 모든 것은 예술적인 놀이이며, 가장 맛있는 식사다. 기술만 연마하고 정신적, 정서적 양분을 섭취하지 않는다면, 단백질 없이 근성장을 이루려는 것과 같다. 사진가뿐이겠는가. 어떤 분야든 최고의 예술가가 된다는 것은 그가 얼마나 깊은 철학적 깊이와 인문학적 소양을 가졌는지에 달려 있으며, 그것이 뿌리가 되어 예술가의 세계관을 무성하게 형성하는 것이다. 그러니 지금부터라도 먹고 또 먹어 과식을 하자. 음악, 독서, 미식에 대해서는 이어서 좀 더 자세히 풀어보겠다.

이제는 사진이 된
내 안의 음악들

비전공자의 전공 이야기

나는 대학에서 실용음악을 전공했다. 초등학교에 입학하기 전부터 피아노를 접했고, 고학년 때까지 꽤 많은 시간을 들여서 피아노를 쳤다. 고등학교에 들어가서는 밴드부에 가입했다. 그 선택들이 내 인생을 예체능이라는 험난한 길로 빠뜨리게 될지 그때는 몰랐다.

결국 실기 입시를 거쳐 4년제 실용음악과에 진학해 보컬리스트 혹은 뮤지션이 되고 싶은 부푼 꿈을 안고 20대를 보냈지만, 이 길을 접게 되면서 내 인생의 제1막은 커튼을 내리게 되었다.

어린 시절의 일이지만, 그때는 정말 음악으로 무언가를 해내고 싶었다. 음악에 진심이었으나 역량이 따르지 않는다는 것을 뒤늦게 깨달은 나머지 완전한 실패감에 젖었다. 나는 음악을 정말 사랑했고, 음악은 내 삶의 모든 것이었다. 어렸을 때는 클래식, 고등학교 밴드부 시절에는 로큰롤, 입시를 준비하면서부터는 블루스와 재즈,

전공 시절에는 팝과 소울까지, 장르를 불문하고 음악은 내 삶 그 자체였다. 하지만 마음만으로 음악을 잘할 수 있는 것은 아니었다.

스물한 살 때, 두 번째 실기시험을 준비하며 과도한 연습으로 목 상태가 나빠졌다. 매일 빠짐없이 발성 연습을 하다가 어느 날부터 소리가 새어 나가는 느낌이 들었다. 쨍쨍하게 딱 붙어야 할 목소리가 갈라지고 건조해졌다. 대학병원 이비인후과를 찾아가 성대를 살펴보니 작은 혹들이 나 있었고, 성대결절이라는 진단이 내려졌다. 실기시험이 반년밖에 남지 않았기에 청천벽력 같은 상황이 아닐 수 없었다.

치료할 수 있는 유일한 방법이 묵언수행이었는데 집에서는 어머니께서 내 상황을 이해하지 못하고 계속 말을 시켜 너무 화가 났다. 혼자 바람처럼 집을 떠났다가 정신을 차려보니 제주도에서 자전거를 빌려 섬을 한 바퀴 돌고 있었다. 아마 보름은 집을 떠나 있었던 것 같다. 그 여행 속에서 어떤 것들을 보았는지, 어떤 곡을 듣고 있었는지, 가끔 선명하게 떠오른다. 노라 존스, 팻 메시니, 에릭 클랩턴…. 시디플레이어는 가방 안에서 최고의 뮤지션들의 곡을 부지런히 재생시키고 있었다. 유선 이어폰은 그 음악을 감미롭게 내 귓속으로 실어 나르고 있었다. 내가 사랑해 마지않던 곡들이 영혼을 적시는 동안 제주의 해안도로 위에서 나는 셔츠가 온통 땀에 젖도록 열심히 페달을 밟았다.

그 장면만 떠올려보면 낭만적인 순간이었다. 스물한 살의 청춘만이 경험할 수 있는 대책 없는 도피성 여행. 자유를 찾는 공허하고도 어리숙한 영혼의 모습이 이렇게 오랜 시간 깊이 새겨질 줄 그때는 몰랐다. 음악 하나로 울고 웃었던 치기 넘치던 시절이다. 꽤 시간이 지난 지금도 음악 없이는 못 살던 그때의 마음이 떠오르는 것을 보면, 아마 죽을 때까지도 이때의 기억을 잊을 수 없을 것 같다.

피아노 대신 카메라를, 작곡 대신 촬영을

이렇게 음악을 사랑하던 시절이 있었는데, 지나고 보니 모두 과거형이 되고 말았다. 군 시절, 그리고 대학 졸업 후 나는 방향성을 찾지 못해 갈팡질팡했다. 음악을 계속하는 것이 내 인생을 아프게 만들 것이라는 생각이 들었다.

음악을 과감하게 정리하고 선택한 것이 사진이었다. 사진으로 인생 제2막을 열기로 결정한 시점을 되돌아보면 매우 엉성했고 준비도 부족했다. 그럼에도 내가 여기까지 올 수 있었던 것은 사진을 막 시작한 때에 운이 많이 따른 덕분이기도 하다.

그렇다고 음악을 했던 그 오랜 시간이 한순간에 무의미해진 것은 아니다. 음악은 사진에 대한 나만의 예술관을 만드는 데에 지대한 영향을 미쳤다. 카메라와 피아노, 촬영과 작곡, 이미지와 사운드. 기기와 분야는 다르지만 어떤 메시지를 창의적으로 만들어 전달하는 것은 형태나 방식만 다를 뿐, 예술의 의미는 일맥상통하기 때문이다.

음악이 세상의 모든 것인 줄만 알았던 그 청년은 이제 음악을 좋아하는 '고급 리스너'로 남았다. 직업이 전환된 후로는 피아노를 치지 않았고, 노래 연습을 해본 적도 없다. 하지만 어렸을 때부터 음악을 사랑하고 공부했던 몸이라서 그런지 고급스러운 귀(?)만큼은 여전히 남아 있다. 지금도 라이브 음악을 듣거나 술을 마시다가 내가 좋아하는 곡이 나오면 그 곡이나, 연주자의 역사, 혹은 그 음악의 장르에 대해서 다른 사람들에게 설명해주기도 한다. 좀 안다고 젠체하려는 것은 아니고, 20대 후반까지 내내 그렇게 살아온 경험 때문에 머리가 아니라 몸에서 자연스럽게 튀어나온다. 여행을 가도 라이브 재즈 클럽은 꼭 챙겨 들르는 편이다. 일상에서도 특정 뮤지션이나 음악 장르를 그날그날의 분위기에 따라 골라 듣는다.

재즈는 내 동료이자 스승

좋아하는 음악 장르 중에서도 으뜸은 단연 재즈이다. 과거 실기 시험부터 전공 시절까지 내 음악적 방향성은 재즈를 지향했다. 재즈 음악의 흡수력과 창의적이면서도 즉흥적이고 유기적인 형식을 매우 좋아한다.

재즈는 흡수력이 정말 뛰어난 장르이다. 과거의 랙타임, 빅밴드, 스윙재즈 시대부터 쭉 이어져 쿨재즈, 비밥, 전자음악이 흡수된 퓨전재즈와 록이나 힙합을 흡수한 재즈 장르까지, 변화에 변화를 거듭하며 살아남았다. 재즈는 현시대의 주류 음악은 아니지만 이러한 시대적인 변화를 통해 생명력을 이어가며 더욱 영역을 넓혀간다.

그런 역사들을 살펴보며 특정 시대별로 느낄 수 있는 재즈의 시간적인 모습이 좋다. 과거에는 미국의 재즈 역사를 만들어간 루이 암스트롱이 있었다면, 요즘에는 제이컵 콜리어 같은 창의적인 음악가도 재즈를 연주한다고 할 수 있다. 물론 두 뮤지션은 완전히 다른 음악을 연주한다. 하지만 재즈는 바다 같은 장르다. 그 바다 안에서 호흡하고 자기 음악의 파도를 일으킬 수 있다면 재즈는 그 모두를 포용한다.

나는 루이 암스트롱도 제이컵 콜리어도 즐겨 듣는다. 지금 이 글을 쓰고 있는 동안에도 제이컵 콜리어의 라이브 앨범을 틀어두었다. 다양한 화성적인 변화를 이끄는 피아노 컴핑 위에 음역을 다변화하는 콜리어의 보이스가 얹혀 있다. 그 속에서 기승전결의 흐름을 느껴본다. 청중의 마음을 흔드는 아름다운 멜로디와 이를 떠받치는 독특한 코드 진행들이 잘 어우러져 각 곡이 극장에서 상영되는 영화 한 편을 압축한 것만 같다. 그의 앨범에는 유명한 팝송들을 제이컵 콜리어만의 스타일로 리메이크한 곡들이 있다. 전 세계의 누구나 알 법한 〈How Deep Is Your Love〉, 〈Dancing Queen〉 같은 곡들이 대중에게 익숙한 멜로디만 남아 있고 그 외의 모든 뼈대가 바뀌어 들리는 것에 이내 전율하게 된다.

이런 아티스트들의 작품을 만날 때면, 내 작업의 수준을 비교하고, 어떤 사진가가 될 수 있을지 떠올리곤 한다. 당장 그래미상까지 받은 제이컵 콜리어의 작품 수준만큼 가치를 높이는 것은 어렵더라도 사진가만의 세계관을 보여주기 위한 도전은 계속해야 한다. 프로젝트 작업을 지속해나가며 방향성의 유지와 분화를 보여주거

나. 특정한 주제와 피사체에 대한 재해석을 만들어나가며 작가만의 색다른 시도를 보여주는 것 말이다.

내가 만들고 있는 아트 스포츠 사진 장르를 10년, 20년 혹은 그 이상 이어갔을 때 한국 스포츠 콘텐츠에 내가 아로새길 수 있는 나만의 이미지와 그것이 갖고 있는 설득력을 생각한다. 그리고 최근 작업하고 있는 〈춤추는 사상〉처럼, 어떤 프로젝트가 진솔하고 선명한 모습으로 인구 소멸에 대해 사람들에게 생각할 기회를 주어 지방 사회에 힘을 실어줄 수 있기를 바란다.

이런 작업은 내가 사진가로서 만드는 재즈이다. 사진 속 배경이 드럼과 베이스가 되고, 스포츠 선수 혹은 무용수가 보컬리스트가 된다. 한 장의 사진 속에 리듬을 부여하고 앙상블을 만든다. 가끔은 화려한 조명으로 빅밴드 브라스를 불러낼 수도 있고, 합창단을 넣어 콘서트의 스케일을 키워볼 수도 있다.

너무 거창한가? 못한다는 법은 없다. 생각만으로 끝내지 않고 구성을 하고 촬영을 시도해본다. 훌륭한 지휘자와 비견될 수 있도록 사진가 자신의 실력을 끌어올려보는 것이다. 훌륭한 지휘자가 오케스트라나 밴드를 구성한다면 금세 연주자들이 구해질 것이다. 내가 더 뛰어난 연출력과 기술력, 그리고 예술성을 보여준다면 내가 만들고자 하는 이미지에 참여할 공간, 무용수나 스포츠 선수, 소품과 기기까지도 늘어나게 될 것이다. 그 순간 사진가는 지휘자가 된다. 사운드를 만들고 그것을 메시지로 전한다. 단지 귀로 듣는 것인지 눈으로 보는 것인지에 대한 차이일 뿐이다.

지휘자가 악보를 모두 외우는 것처럼 나도 다음 날 진행할 사진 작업에 대한 설계도인 보드 파일을 외우듯이 보고 또 본다. 그리고 현장에서 어떤 불협화음이 발생할지 예상하고 대비한다. 어떤 파트에서 과도한 즉흥연주로 곡의 밸런스를 무너뜨릴 수 있을지 생각하고 고민한다. 이런 일을 반복할수록 내가 하는 작업이 음악과 닮았다는 생각이 든다.

재즈 라이브 공연에 가면 정해진 곡의 테마에서 비롯된 멜로디, 화성, 리듬을 특정 형식 안에서 연주하기로 약속한 뒤, 한 테마가 반복해서 다시 돌아오면 그 후부터는 뼈대만 유지하고 자유롭게 형태를 변화시키며 연주하는 것을 들을 수 있다. 재즈는 연주하면서 곡이 새로 쓰인다는 이야기가 있는데, 그래서 같은 곡이 그대로 연주되는 일이 잘 없다. 늘 새로운 곡들이 밴드 연주자들에 의해 창조된다. 음악이 꿈틀거리며 살아 움직이는 것만 같다. 청자로서 내가 그것을 느끼는 것처럼, 나의 사진도 사람들에게 살아 있는 사진으로 보이고 싶다. 나의 사진들도 재즈 밴드의 변화하는 테마처럼 꿈틀거리게 만들고 싶다. 그것을 사진 미학으로 표현하고 싶다. 내 촬영의 중요한 요소가 '모션'인 만큼, 찰나의 움직임들이 얼마나 예술적인 아름다움을 보여주는지, 그 순간들이 얼마나 유의미한 순간인지 말해주고 싶다.

음악이 내게 남겨준 것들
◉

어린 시절부터 대학 시절까지 음악을 했던 시간이 무의미할까?

비싼 학비와 인생의 중요한 시간을 허비하고 만 것일까? 가끔 스스로 이런 질문을 던진다. 고개를 끄덕이며 그 시간을 후회하기도 하지만, 지금 사진가가 되게 한 과정이었다고 생각하기도 한다. 적어도 예술을 진심으로 받아들였던 시간이었다. 음악에서 말하는 앙상블의 의미가 다른 예술에도 적용될 수 있다는 것을 배웠다. 장르적 치환이 일어났지만 나의 내부 깊은 곳에서 예술의 본질이 바람을 일으키며 움직이고 있는 것은 그대로이다. 그저 그것을 깨닫기 위해 좀 더 오랜 시간 공을 들였을 뿐이다. 그 본질을 음악에서는 사용할 줄 몰랐지만, 사진으로 장르를 바꾸고 나서야 그것을 꺼내어 표현하는 방법을 알게 되었다. 그리고 지금 나는 그 시작점에 서 있다.

피아노 건반을 두드리던 유년 시절부터, 밴드부의 문을 두드리며 들어갔던 아무것도 몰랐던 고등학생 시절을 지나, 메시지를 사진으로 표현하고자 하는 의미와 가치를 알게 된 현시점까지가 부화를 기다리는 알 속에서의 삶이었는지도 모른다. 그리고 스타팅블록을 박차고 뛰어나가게 된 지금, 내 생애 최고의 뮤지션 중 한 명인 제이컵 콜리어처럼, 나만의 앙상블을 이미지화한 나만의 사진을 찍어 보고 싶다는 염원으로 가득하다.

음악을 좋아한다. 음악을 사랑한다. 한때 나의 모든 것이었던 그것은, 지금은 내 속에서 빠져나와 내 가까이 머무는 좋은 친구가 되었다. 그러나 음악과의 거리가 생긴 지금도, 순간순간 그것이 어쩔 수 없이 내 본질, 내 심연의 무엇과 닮아 있다는 것을 느낀다.

가끔 심적으로 힘들거나 자신감이 떨어질 때는 일본이 재즈 피아니스트 히로미의 음악을 듣는다. 그의 에너지 넘치는 타건 연주는 삶의 의지를 불러일으킨다. 혼술이라도 한잔할 때는 어리사 프랭클린의 목소리를 찾는다. 특히 그가 케네디 센터 명예상 시상식에서 암 투병 중임에도 불구하고 동료인 캐럴 킹을 위해서 부른 〈A Natural Woman〉을 들어보시라. 들을 때마다 눈시울을 붉게 적시는 노래다. 세상은 사람들을 아프게 만들기도 하지만, 음악은 어둑한 곳에서 빛을 드러내며 흘러나와 사람들을 치유한다.

상상하는 사진가로 진화하고 싶다면
그분을 모셔라

독서력이 기술력이다

어릴 적부터 책을 좋아했다. 동화, 역사, 과학 등 손에 잡히는 대로 책을 읽었다. 친구와 노는 시간보다 책을 읽는 시간이 더 길었다. 공부하기 싫어서 책을 손에 든 적도 많았다. 그래서인지 성적은 안 좋았어도 문해력은 좋았다.

성인이 된 후에도 다독가는 아닐지언정 대한민국 평균치의 독서량은 훨씬 뛰어넘었다. 책과 함께 보낸 시간은 지금의 사진 작업에 엄청난 영향을 미쳤다. 한 권의 책, 한 명의 작가가 아닌, 그동안 읽어온 많은 책과 다양한 작가에게서 받은 영향이 사진 작업 곳곳에 녹아들어 있다. 문학, 철학, 역사, 예술, 종교 등 내가 읽은 책 속의 다양한 지식과 지혜가 어우러져 '소셜 포토그래퍼'를 지향하게 만들었다.

나의 스승 하루키

◉

그중에서 내 인생에 가장 많은 영향을 끼친 것이 문학이다. 특히 무라카미 하루키의 작품을 탐독했다. 한 작가를 파고드는 것을 좋아하는 편이라 하루키의 책은 거의 다 읽었다. 1인칭 시점의 주인공이 느끼는 세상, 작가의 상념과 사상, 고독함과 현대사회의 모순을 표현한 담담한 문체, 공감 가득한 비유법이 소설 속으로 빠져들게 했다. 현실과 비현실을 넘나드는 상상력을 보여주는 작품들이 많고, 말이 되지 않는 현상들을 하루키만의 환상으로 풀어내는 공상적인 면모도 품고 있었다. 그래서 재미있었다.

나는 그의 자연스러운 문체와 비유법들을 항상 배우려고 했다. 사진도 담담한 표현이 담긴 자연스러운 이미지가 좋을 때가 많다. 사진 또한 비유의 연속이라는 점에서 하루키를 참고하게 된다. A를 설명하기 위해 비슷한 성질을 보이는 B를 꺼내서 설명하는 것이다. 하루키는 은유를 사용해 어떤 화제에 대한 이해도를 높인다. 주인공이 겪게 되는 사건과 문제들을 은유적으로 보여줌으로써 독자들이 직접 이 사건을 마주하는 것 같은 깊은 몰입감을 준다. 이것을 사진에 적용한다면 표현력이 한층 강화될 것은 자명한 일이다.

하루키를 통해 키운 이미지 상상력

◉

사진가가 문학을 읽는 것은 글을 머릿속에 상상하게 한다는 점에서 프레임 구성력을 만들어주는 훈련과도 같다. 아래 하루키의 비유 넘치는 문장을 읽고 소설 속 장면을 머릿속에 떠올려보거나 그림으로 그려보자.

폭풍이 지나간 뒤에도 그대는 자신이 왜 여기 있는지 모를 것이다. 그러나 폭풍이 지나가면, 그대는 더 이상 폭풍이 지나가기 전의 그대가 아니다. - 『해변의 카프카』

세상의 모든 것은 어둠 속에서 태어난다. 그리고 어둠을 향해 돌아간다. - 『1Q84』

그곳에 남겨진 부재(不在)가 너무 깊어서 그가 방금 전까지 정말 내 눈앞에 앉아 있었는지조차 확신하기 힘들었다. 나는 그저 공백과 마주하고 있었는지도 모른다. - 『기사단장 죽이기』

내 사진 작업에서는 장면을 떠올리는 상상력이 매우 중요하다. 창의적이면서도 실제로 사진을 찍을 수 있도록 현실을 연결해야 한다. 실제로 무용수나 운동선수를 촬영할 때 어떤 이미지로 만들지 모든 밑그림이 완성되어야만 촬영을 진행할 수 있다. 현장을 보면서 감각적이고 즉흥적으로 촬영하는 일은 없다. 예전에는 그렇지 못했지만, 이제는 그런 무모한 행동을 하는 나를 용서할 수 없다.

사전 답사를 통해 촬영할 현장을 눈으로 보고 휴대전화 카메라로 샅샅이 찍어 온다. 집으로 돌아와 현장 사진들을 다시 보면서

어떤 그림을 그려낼 것인지 머릿속에 그려본다. 이러한 기획 과정이 내 작업 비중의 절반을 차지한다고 해도 과언이 아니다.

  이것을 해낼 힘을 주는 것이 바로 문학이다. 문학은 현실의 반영이면서 동시에 상상과 허구이다. 현실에 있을 법한 이야기들을 써 내려가면서도 그것들이 창의적인 결말로 연결된다. 사진도 현실을 촬영하는 것이면서 상상의 그림을 연출하는 것이다.

  각기 다른 장르의 예술들도 본질적으로는 공통점이 많다는 것이 참으로 재미있다. 그것이 사진을 찍으면서 문학이 더 좋아진 이

유이기도 하다. 앞으로도 소설가들을 나의 스승으로 모시며 더 많은 영향을 받기 위해 노력할 것이다.

헤밍웨이에게서 배운 '보여주기' 방식

하루키 외에 내 사진의 스승 한 분이 더 있다. 바로 어니스트 헤밍웨이다. 하루키처럼 헤밍웨이의 작품도 꽤 많이 읽었다.

청년 시절에 읽은 방대한 양의 세계문학 중에서도 헤밍웨이의 문체를 유독 좋아했다. 문체 자체는 굉장히 간결하고 읽기 편한데, 그 안에 거대하고 복잡한 의미가 숨어 있다. 불필요한 수식어나 감정적인 표현이 적어 드라이한 느낌을 주는데, 독자 자신이 그 감정들을 추론해야 하는 구조를 보인다. 마치 아주 오래된 흑백영화처럼 편집도 적고 건조한 대사만 오가기에 그 장면을 보는 사람들이 자신의 생각을 여백에 대입해야 하는 식이다.

이런 절제된 형식은 머릿속에 그림을 그릴 수밖에 없다. 독자가 직접 프레임을 만들고 배우들을 집어넣어야 한다. 『무기여 잘 있거라』와 『누구를 위하여 좋은 울리나』 같은 참혹한 전쟁 상황을 구체적으로 상상하면서 글을 따라가야 한다. 『노인과 바다』 속 늙은 어부 산티아고의 청새치를 잡기 위한 사투가 담담하게 표현되었지만, 독자는 불굴의 의지로 싸우는 한 인물을 머릿속에 그려야 한다.

빙산 이론처럼, 헤밍웨이는 소설에서 주인공들의 감정과 심리 같은 복잡한 내용은 90%의 물속에 잠기게 만들어 독자들에게 직접적으로 읽히지 않게 숨겨 놓고, 표면적으로 드러나는 10%의 사실, 즉 인물의 대화나 상황 묘사만 보여준다. 예를 들면, "그는 매우 슬펐다"라고 말하지 않고 "그는 한참 동안 먼바다를 바라보았다"라고 물 위의 10%만 보여주는 것이다. 이런 건조한 표현으로 독자들은 주인공이 슬픔에 젖어 있다는 것을 느끼고 상상하게 되는 것이다. "노인은 한참 동안 낚싯줄을 보고 있었다. 그의 손등에 난 상처는 이미 굳어 있었다. 하지만 그는 상처를 만지지 않았다." 고통을 견디는 주인공의 강인함이 직접적인 설명보다 더 깊이 있게 느껴지지 않는가? 나는 내 손이 다 아픈 것 같은 착각마저 든다. 바다 위의 거친 풍랑과 거대한 스케일도 상상하게 된다.

이러한 헤밍웨이의 '보여주기' 방식은 감정의 단어를 직접적으로 나열하는 것보다 더 인상적이다. 이런 표현 방식은 사진에 있어서도 매우 중요한 은유가 된다. 어떤 사물이나 형태를 보여주면서 그것들을 직접 슬픔에 젖게 만드는 직접적인 방법보다, 피사체나 배경을 선택해 보여주는 것으로 슬픔을 더욱 깊이 있고 효과적으로 표현할 수 있는 것이다. 그런 점에서 헤밍웨이의 문학 작품은 모든 사진가들이 꼭 한번 읽어보기를 권한다.

사진을 잘 찍고 싶다면 소설가에게 배우라

하루키와 헤밍웨이뿐이겠는가. 김훈, 김영하 작가 등 어릴 적부터 내가 신세를 진 소설가들이 차고 넘친다. 소설은 현실을 반영한 허구의 스토리가 전개되기 때문에 사진가의 작업과 공통된 부분이 아주 많다. 강의를 통해 만나는 사진가들에게 입이 닳도록 문학을 읽으라고 권하는 것도 이 때문이다. 요즘 책을 거의 읽지 않는 사람들이 많아진 현실이 너무나 안타깝다.

온라인 커뮤니티에 가끔 "뭘 찍어야 할지 모르겠다"는 토로가 올라온다. 흔히 동호회에서 출사를 나가면 동일한 장소에서 모두 비슷한 사진을 찍어온다. 자신만의 독창적인 작업물과는 거리가 멀다. 인스타그램에서 DM을 보내 인물을 구해 촬영하는 경우, 보통 특별한 기획이 없다. 특정 장소에서 만나서 잠깐 사진을 찍고 돌아온다. 창의적이거나 주제 의식이 깃든 창작물과는 거리가 멀다.

그렇다면 현실을 반영하는 카메라 기술과 창의적인 생각, 그리고 사고와 철학을 절묘하게 넣을 수 있는 것은 무엇이 있을까? 예쁜 인물이나 멋진 풍경을 찍는 수준을 넘어, 헤밍웨이의 글처럼 담백한 표현의 여백을 통해 보는 이로 하여금 상상의 그림을 그릴 수 있게 하는 장면을 어떻게 만들 수 있을까? 나 역시 늘 이러한 질문을 던지며 살아왔고, 지금도 하고 있으며, 앞으로도 내가 풀어야 할 영구적인 과제이다.

과제의 일환으로 이런 절묘한 지점들을 살아 움직이는 형태로 생생하게 담는 작업을 전개하고 있다. 〈춤추는 사상〉 프로젝트가 그 대표적인 예이다. 지역 소멸의 위기에 빠진 부산 사상구의 산업단지에 화려한 조명과 무용수들로 예술적 생기를 불어넣고 사상구가 가진 에너지를 보여주면서 지역을 홍보한다. 무용수의 유연한 움직임을 담아 생각의 유연성을 은유로 보여준다. 또 다른 프로젝트인 장애인 스포츠 촬영을 통해 장애인 선수들의 혼신의 움직임과 물밑에 잠겨 보이지 않는 90%의 정신력을 예술화한다. 이로써 장애인에 대한 생각을 환기시키고 이들의 스포츠 활동을 돕는 지원을 끌어낼 수 있도록 캠페인성 촬영 작업 또한 펼치고 있다.

스냅 촬영부터 시작해 스포츠 촬영을 하던 내가 이제는 사회에 도움이 될 수 있는 공익적인 촬영을 하는 사진가로 진화한 것에는 하루키와 헤밍웨이의 몫이 크다. 소설가 김훈, 김영하, 헤세, 쿤데라도 많은 도움을 주었다. 상상하는 사진가, 그 해답은 독서에 있다. 참으로 백익무해(百益無害)하다.

사진과 미각의
페어링

와인은 왜 그토록 사랑받는가

◐

와인과 위스키는 팬데믹 시기부터 지금까지 이어진 나의 취미들이다. 진지한 애호가들에 비하면 취미라고 부르기도 민망할 만큼 옅은 농도로 좋아하지만, 특히 와인은 소고기나 양고기 같은 음식을 먹을 때 페어링하여 마시거나, 배달 음식을 좀 더 멋지게 업그레이드하기 위해 한잔씩 곁들이곤 한다.

와인은 팬데믹 이전 이탈리아에서 스냅 촬영을 할 때 처음 진지하게 접하기 시작했다. 그동안 별 관심 없던 보랏빛 액체가 이탈리아 사람들의 삶 속에서 큰 사랑을 받고 있는 이유를 직접 혀로 체감한 시기였다. 특히 피렌체에 머무르는 동안 저렴한 토스카나 와인들을 마시며, 얼굴을 와인색으로 붉게 달아오르게 만드는 알싸하면서도 진하고 달콤한 술 한 모금의 풍성한 가치를 잘 알게 되었다.

　가끔 와인을 구입하려고 인터넷을 검색하거나, 와인 애호가들이 사용하는 앱인 비비노에서 평점과 리뷰를 찾아보는데, 와인에 대한 분석들이 매우 흥미롭다고 생각한 적이 있다. 와인을 평가하는 사람들은 '맛의 캐릭터'라는 표현을 자주 쓴다. 와인이 어떤 성격이나 성질을 가진다는 것일까? 가볍다, 묵직하다, 드라이하다, 달콤하다, 부드럽다, 산미가 있다 등 와인 맛의 캐릭터를 입체석으로 평가할 뿐만 아니라, 풍미에 대해서도 노트를 달아 설명한다. 검은 과실, 붉은 과실, 시트러스, 허브향, 꿀, 미네랄, 흙 내음, 가죽 냄새, 바닐라, 오크향, 열대 과일, 버터, 초콜릿 등 자연에서 느낄 수 있는 다양한 풍미와 향미 노트들이 매우 흥미롭게 들렸다. 실제로 와인에 이런 첨가물이 들어가는 것은 아니지만, 와인을 잘 양조하면 한 모금에서 이런 다양한 맛을 느낄 수 있다고 한다. 와인을 평가하는 소믈리에들은 이러한 맛이 다양하고 복잡할수록 입체적이고 좋은 와인이라고 말한다. 좋은 기후를 가진 비옥한 땅에서 넉넉한 자본과 훌륭한 기술력을 가진 와이너리들은 이러한 맛의 입체감을 만들기 위해 노력한다.

다채롭고 섬세한 매력, 커피

이런 풍미에 대한 표현은 와인에만 한정되지 않는다. 나는 와인보다 커피를 조금 더 좋아한다. 와인은 매일 마시기 어렵지만, 커피는 거의 매일 마신다. 예전에는 커피를 전혀 마시지 않다가 2010년대 중반 우연한 계기로 맛본 커피가 마음에 들었고, 한잔에서 여러 섬세한 맛을 느낄 수 있는 매력에 빠져 유명한 로스팅 카페들을 찾아다니기 시작했다. 간단한 핸드드립 기구도 구비해 지금도 커피를 직접 내려 마시는 것이 습관이 되었다. 부산에 이사 온 후로도 주변의 유명한 카페들은 대부분 가봤고, 단골이 된 카페도 생겼다.

나는 커피를 마시며 바리스타들과 대화하는 것도 즐긴다. 내가 주문한 커피의 산지, 가공 방식, 전달하고자 하는 맛의 뉘앙스나 향미가 어떤 것인지 자세한 이야기를 나눈다. 내 코와 혀가 다른 사람들보다는 예민한 편인지, 어떤 맛과 향이 느껴지는지 곧잘 맞추기도 한다. 내가 찾고 있는 이러한 커피는 '스페셜티 커피'라고 부르는데, 커피를 볶는 로스터나 추출하는 바리스타의 성향에 따라 맛이 달라지므로, 어떤 이유로 이 커피를 만들었는지, 어떤 방향성으로 커피 맛을 전하고 싶은지 묻기도 한다. 내 최측근 사람들은 이런 나를 참 피곤한 성향이라고 핀잔을 주기도 하지만, 나는 이런 커피의 세계에서도 와인과 비슷하게 맛의 캐릭터와 시음 노트를 발견하고, 이를 퀴즈를 풀듯 코와 혀로 찾아내는 것에 흥미를 느낀다. 이런 복잡함 때문에 커피를 매일 찾게 되는 것 같다.

　스페셜티 커피 매장에 가면 경험이 많지 않은 사람들은 주문할 때 곤혹스러워한다. 보통은 원산지와 농장 이름, 품종, 농장의 고도가 적혀 있고, 한쪽에는 맛의 캐릭터인 시음 노트가 적혀 있다. 플로럴, 열대 과일, 붉은 과일, 견과류, 홍차, 라벤더, 자스민, 말린 과일, 흑설탕, 초콜릿, 와인… 커피를 잘 모르는 사람들은 이런 맛들이 커피 안에 있다고 믿지 못할 수도 있다. 하지만 커피 농장 땅의 특성, 품종의 특징, 농부들의 재배 기술, 생두 가공 방식, 그리고 커피콩을 볶는 로스터와 최종적으로 커피를 내리는 바리스타의 의도에 따라서 이렇게 다양한 맛이 깃들게 된다.

　한 잔의 커피가 내는 맛은 클래식 현악사중주의 잉상블이 될 수도 있고, 보사노바를 연주하는 피아노 재즈 트리오가 될 수도 있다. 커피는 재배하는 농부의 의도부터 바리스타의 의도까지 품질과 맛이 결정될 수 있는 변화무쌍한 음료가 된다. 나는 이런 점이

사진 작업과 매우 닮았다고 생각한다. 사진도 촬영 구상부터 실제 작업, 그리고 리터칭 과정까지 여러 단계에 걸쳐 캐릭터가 결정된다. 커피의 생두 품질이 떨어지면 로스팅이나 추출로 맛을 되살릴 수 없듯이, 사진도 원본이 잘못 찍혔다면 보정으로 커버하여 좋은 작업물로 살려내기가 어렵다.

미뢰로 기록한 맛과 사진의 페어링

이런 취미 생활을 하다가 언젠가 특정 사진작가를 생각하면 연상되는 와인은 어떤 것인지 떠올려본 적이 있었다. 예를 들어, 내가 좋아하는 사진작가 중 애니 리버비츠의 사진과 닮은 와인은 피노 누아 품종으로 만든 와인이다. 그의 사진을 잘 모르는 사람들은 거위를 목에 두르고 있는 리어나도 디캐프리오의 사진이나 만삭으로 누드 사진을 찍은 데미 무어의 사진을 찾아보면 된다.

내가 느꼈던 리버비츠 사진의 맛 노트는 이러했다.

상상력, 따뜻한, 창의적, 열정적, 친절한,
입체적, 구조가 큰, 화려한, 도전적.

피노 누아 품종의 루비색을 띠고 우아한 맛을 보이며 숙성될수록 복잡미묘해지는 특성은 예술과 상업 사진을 넘나들며 다변화하는 리버비츠의 사진과 매우 닮았다. 또한, 그가 촬영하는 패션 매거진 속 우아한 모델들을 보면 와인의 공주라 불리는 피노 누와 와인이 단번에 떠오른다.

세상에서 가장 유명한 보도사진가 중 한 명인 스티브 맥커리의 다큐멘터리 사진에 대해서도 맛의 노트를 적어보았다.

거친, 열정적, 직선적, 날것의, 독립적,
용감한, 강렬한, 모험적, 전통적.

맥커리의 사진 중 가장 유명한 〈아프간 소녀〉를 떠올려보았다. 그의 작업이 위험한 지역에서 도전적으로 이루어졌다는 것을 책이나 다큐멘터리를 통해 잘 알고 있다. 과거 인도의 몬순 폭우 속에서 허리까지 차오르는 물을 거슬러 올라가며 사람들을 촬영하는 그의 용감한 작업 방식과 위태로워 보이는 사진들은 그를 세계적인 사진가의 반열에 오르게 했다. 나는 그의 사진들을 다시 한번 찾아보며 위와 같은 맛의 노트를 적어보았다. 그리고 가장 잘 어울리는 와인으로 이탈리아의 산지오베제 포도 품종으로 발효시킨 '브루넬로 디 몬탈치노'를 떠올려봤다. 묵직하고 힘이 넘치는 와인이라고 느꼈기 때문이다. 기계를 사용하지 않고 손으로 수확하는 내 추럴한 작업 방식 역시 사진 본연의 자연스러움을 고집하는 맥커리에게 잘 어울린다고 생각했다.

사진에서 느낀 미각들

사진도 맛이 있다. 나는 그것을 테이스팅 노트나 형용사 같은 단어로 적어보면 좋겠다고 생각했다. 그리고 내 사진에서는 어떤 노트나 형용사가 느껴지는지 떠올려보는 자기반성의 시간을 가졌다. 몇 가지 노트들이 떠올랐지만, 그것들을 더욱 분명하고 선명하게 사람들에게 전달하면 좋겠다고 생각했다. 감상자들에게 움직임의 에너지와 아름다움, 영상에서 느낄 수 없는 사진만의 순간 포착 매력을 전달하고, 컬러풀하면서도 대비감이 강렬하고, 생각을 신선하게 뒤집을 수 있는 낯선 피사체 배치와 조명 사용으로 시각적인 감각을 새롭게 느끼게 하는 것들이 내 사진의 맛이라고 할 수 있다. 이런 고찰은 성찰과 성장의 기폭제가 되었다.

이처럼 사진의 본질 역시 와인이나 커피의 맛과 크게 다르지 않다. 와인에서 가장 중요한 것 중 하나가 떼루아(토양과 기후, 그리고 다양한 제반 조건)이듯이, 사진도 제반이 되는 생각과 철학에 따라서 작업의 품질이 결정된다. 커피도 재배하는 농부의 집요한 노력이 있어야 훌륭한 생두를 수확할 수 있듯이, 사진가의 개념과 의도, 그리고 그것을 진행하고자 하는 집요한 의지와 노력이 있어야만 좋은 결과물이 나올 수 있다. 한 모금에 다양한 풍미와 향미가 느껴지는 것이 좋은 와인과 커피로 인정받는 기준인 것처럼, 사진 역시 한 장 안에 다양한 관점과 생각이 잘 녹아 있어야 보는 이로 하여금 여러 이야기를 느끼게 만든다.

나는 '왜?'라는 질문을 중요하게 생각한다. '왜 이 사진을 찍었는가?', '왜 이러한 사진을 의도했는가?' 등 작업자의 의도를 묻고 듣는 것을 좋아한다. 바리스타에게 "왜 이런 맛으로 추출하셨나요?", "이 커피의 디렉션은 어떤 것인가요?"라는 질문을 하기도 하는데, 훌륭한 답을 들려주는 바리스타도 있었지만, 나의 질문 의도와 맞지 않는 답으로 대화가 미끄러지는 일도 종종 있었다. 사진가에게 왜 이런 사진을 찍었는지 물었을 때 확신에 찬 답을 하는 사람들의 작품이 결국 오랫동안 좋은 평가를 받을 것이라고 생각한다.

와인 메이커, 커피 농부, 바리스타, 위스키를 만드는 사람들, 음악가, 소설가 모두 어떤 이유에 의해 작품을 만든다. 간혹 이유 없이 사진을 촬영하며 우연히 얻은 결과물 속에서 의미를 찾거나 즉흥성에 매력을 느끼는 사람들도 있지만, 나처럼 개념과 의도를 사진에 표현해 사람들에게 전달하기를 원하는 사진가들이 더 많다. 사진가의 개념, 철학, 그리고 예술이 잘 혼합된 결과물과 감상자에게 연결되는 소통의 길이 중요하다. 사진가의 감정과 사유가 원활한 소통의 터널로 감상자들과 연결될 때, 한순간에 소비되고 잊히는 사진과 달리 오랫동안 인정받을 수 있는 작품으로 남을 것이다.

저기, 장요근 좀
들어 올려주시겠어요?

우연히 발견한 부산의 러닝 명당

글을 쓰기 전, 집 앞 항구 루트를 뛰고 왔다. 시기적으로 한여름이 지났음에도 아직 뜨거운 밤공기가 식을 줄을 몰라 땀으로 목욕을 했다. 심장에서 혈액이 전신으로 뿜어져 나오는 것을 고스란히 느낀다. 다리가 조금 저려오지만, 이런 고통은 훈장을 받은 것처럼 기분이 좋다. 이마에서 턱끝으로 땀이 주르륵 흘러 바닥으로 떨어진다. 오늘도 치열하게 투쟁한 영광의 흔적이 바닥을 적신다. 이렇게 러닝을 한 지 꼭 5년이 되었다.

나는 현재 부산에 살고 있다. 처음 부산에 내려와 집을 구할 때 달리기 좋은 위치로 정했는데, 곧 부산의 북항, 중구의 중앙동이었다. 한참 집을 구하러 다니던 중에 중앙동의 한 카페에서 기피를 마시게 되었다. 구름을 걸친 멋진 항구를 창밖으로 바라보다가 한 러닝 그룹이 힘차게 어디론가 뛰어가는 모습을 보고 이곳이 달리기 좋은 곳이라는 것을 알았다. 더 고민할 여지없이 그 북항에서 가장 가까운 곳으로 이사했다.

 북항의 친수공원이 바로 코앞이라, 집 앞에서 뛰기 시작하면 바다를 오른편으로 끼고 달릴 수 있다. 공원은 부산 엑스포라는 거대한 프로젝트를 위해 만들어졌지만, 엑스포 유치에는 실패해 멋진 공원만 이곳에 남았다. 덕분에 러닝화만 신으면 황송하리만치 깨끗하고 멋진 오션뷰를 즐기며 공원을 달릴 수 있다. 다양한 곳에서 달려봤지만, 이곳처럼 안정적이고 깔끔하면서도 바다의 낭만을 품은 곳은 여태껏 만나보지 못했다. 친수공원의 가장 먼 지점까지 뛰어가면 바다 건너편의 영도를 선명하게 볼 수 있다. 커다란 섬이 바로 눈앞까지 생생하게 다가온다. 노을 시간에 맞춰서 달리면 부산항대교 뒤의 수평선에 핑크색 하늘이 일렁인다. 부산 사람들이 아직까지 이곳을 잘 모르는 것 같아 안타깝지만, 한편으로는 계속 몰랐으면 좋겠다. 나의 일상의 중요한 변속기어 같은 이 공원을 좀 더 여유 있게 즐기고 싶기 때문이다.

체육관에서 한강으로

 러닝을 하기 전, 그러니까 2010년대에는 복싱을 했다. 스페인 여행에 배낭을 메고 갔는데, 내 체력이 그리 좋지 않다는 것을 크게 깨달았다. 30대가 되면서 확연히 달라진 체력을 절감했다. 그래서 복싱 체육관에 등록하고 거의 7년을 열심히 운동했다.

복싱은 정말이지 매력적인 운동이다. 나 자신과의 싸움 그 자체다. 체력이 좋아질 뿐만 아니라, 스파링을 하면서 자신감이 는다. 정신력 또한 강해진다. 운동이 너무 거칠고 힘들기 때문에 운동을 하는 동안에 잡념이 낄 틈이 없다. 그래서 정신이 리셋되는 것처럼 맑아진다. 그런 개운하고 깨끗한 느낌에 반해서 7년이나 체육관을 드나들 수 있었다.

그러다가 팬데믹이 터지면서 마스크를 쓰는 것이 의무가 되었다. 복싱은 마스크를 쓰고 하는 것이 불가능하다고 느꼈다. 거친 호흡을 마스크 밖으로 내보내는 것이 너무 힘들었다. 그래서 대안으로 한강을 달리게 되었다. 역시 마스크 착용이 의무였지만, 그래도 한강의 면적은 체육관의 공간과는 차원이 다르게 넓은 데다가 사람이 없는 구간에서는 마스크를 반쯤이나마 내릴 수 있었다. 이렇게 나의 러닝이 시작되었다.

사진가에게 요가는 필수

◉

이즈음 요가도 배우기 시작했다. 오래전부터 내 몸이 유연함과는 거리가 먼 것을 알고 있었다. 언젠가는 배워야지 생각만 하다가 팬데믹의 여백 덕분에 요가에도 도전하게 되었다.

처음에는 평균적인 남자의 몸이 그러하듯 뻣뻣하기 그지없었다. 하지만 내 몸과 한번 싸워보기로 결심했다. 하다 보면 언젠가는 다 될 것이라는 마음으로 몸을 찢기 시작했다.

아쉬탕가 같은 수업은 너무나도 고통스러웠다. 내 몸을 지면으로부터 들어 올리는 것이 이렇게 힘든 일인지 몰랐다. 복싱을 꽤 오래 했지만 내적인 힘은 너무 약했다. 복싱을 하면서 외부의 상대를 때려눕히는 것이 얼마나 힘든지 느꼈다면, 요가를 통해서 내부의 나를 이기는 것이 얼마나 어려운지 깨닫게 되었다.

하루하루의 수련이 쌓여갈수록 정신적인 고찰이 깊어졌다. 명상 시간에는 모든 공기의 흐름이 멈춘 것 같은 세상과의 단절을 느꼈다. 세상을 살아가며 멈추지 않고 무언가를 하고 있는 나 자신이 보였다. 잠시 모든 것을 끊고 포화 상태의 생각을 비워내는 시간은 마음을 건강하게 만들었다. 사업 실패와 동업자의 악행을 감당하는 사이에도 요가는 잠시나마 평온을 가져다주었다.

물론 몸 또한 진짜로 건강해졌다. 사진 촬영을 하며 틀어진 몸을 정상화하고 필요한 유연성을 더해주었다. 그래서인지 거친 촬영을 마친 날에도 관절과 근육의 상태가 꽤 좋은 편이다. 카메라를 오래 드는 긴장 상태에서 피로해지는 부분이 어느 부분이고, 어떤 이완을 해주어야 그것들이 풀릴 수 있는지 배웠기에 오랫동안 사진 촬영을 해오고 있음에도 몸의 컨디션을 건강하게 유지할 수 있는 것이다.

나는 주변 사진가들에게 요가나 필라테스를 권장한다. 사진은 머리로 하는 것이기도 하지만 결국은 몸으로 하는 것이기 때문이다. 자신의 몸을 이해하고 다스릴 줄 알아야 오랫동안 아프지 않고 사진 작업을 할 수 있다. 무거운 카메라를 신체의 좌우가 틀어진 채로 오랫동안 들어야 하는 것도, 장시간 모니터 앞에 앉아 허리를 불편하게 만드는 것도 모두 사진 활동이다. 운동하기 귀찮고 바쁘다고 무시할 일이 아니다.

체력으로 쌓는 사진가의 정신력

5년 차가 된 러닝은 이제 나의 삶의 일부가 되었다. 바쁠 때는 어렵지만 뛸 수 있으면 꼭 뛴다. 기록을 단축하려 하지 않고, 정해진 코스에서 비슷한 기록을 유지하며 뛴다. 천천히 뛰어도 괜찮다. 부산 북항의 친수공원을 두 바퀴쯤 뛰고 집으로 돌아오면 대략 7~8킬로미터의 거리를 뛴 셈이 된다. 한여름에도 뛰고, 바닷바람이 날카롭게 부는 겨울에도 뛴다. 심폐지구력을 늘 유지하려고 노력하는 것이다.

이는 어떤 스포츠 촬영에 있어서도 촬영 내내 지치지 않는 힘을 내게 한다. 촬영 초반에는 누구나 집중력을 발휘할 수 있다. 하지만 시간이 거듭될수록 집중력은 떨어질 수밖에 없다. 나는 촬영 후반부를 러닝 구간 10킬로미터 중 8~9킬로미터쯤의 위치와 비슷하다고 생각한다. 몸은 지칠지언정 정신은 살아 있어야 한다. 뇌와 카메라를 든 손, 팔꿈치, 어깨와 코어가 직결되어 있다. 어떠한 빈틈도 생기지 않는 하나의 일체적인 형태이다. 특히 행사 촬영 같은 경우에는 실시간을 놓치면 안 된다. 놓치는 것은 어떤 변명도 통하지 않는다. 적당히 클라이언트의 눈치를 피해 갈 수는 있지만, 사진가 본인은 안다. 초점을 놓쳤다, 흔들렸다, 프레임이 나쁘게 잡혔다 등등.

스스로 부끄럽게 사진을 할 생각은 없다. 스포츠 촬영은 보통 2시간 정도 소요되는데, 이 2시간의 러닝 타임은 쉴 틈 없이 흘러간다. 그 사이에서 예민함을 지켜내야 한다. 단 1분도 다른 생각을 할 겨를이 없다. 그런 집중력을 기르는 데에 러닝은 간접적으로 도움이 된다고 느낀다. 내가 못 찍으면 뒤에는 아무도 없다. 촬영 실패는 절대 받아들이기 싫다. 내가 아니면 촬영장에서 누구도 내 정신력의 끈을 팽팽하게 잡아줄 사람이 없다. 지쳐도 내 체력만이 나를 붙잡을 수 있다.

러닝은 헝클어진 머리카락을 빗질하는 것과도 비슷하다. 생각이 엉켜 있을 때 결을 잡아주기 좋다. 정확히 앞을 향해서 걸음을 내딛는 것만 존재한다. 리드미컬한 지면 울림만 반복된다. 드럼의 스네어를 일정하게 치는 것 같다. 탁, 탁, 탁, 탁 튀어나가는 비슷한 공명감들은 울퉁불퉁한 생각들을 균일하게 깎아준다. 찝찝한 생각들에 물들어 있다면 그것 또한 깨끗이 청소해준다. 몸이 힘드니까 공상적인 생각들은 접어두게 되고 진취적인 생각들만 하게 된다. 못할 것 같은 작은 목표들도 할 수 있을 것 같은 탄력마저 받는다. 숨이 턱까지 차오르는 순간도 이렇게 견뎌내는데 다른 일들은 아무것도 아닐 것 같다. 사진가가 아닌 다른 직업을 가진 사람들도 마찬가지일 것이다. 당장 잘되는 것이 없어도 뛰고, 할 일이 없는 백수도 뛰어보라. 당신을 스치는 바람의 빗질로 꼬인 생각들의 결이 풀릴 것이다.

그런 생각을 한다. 내가 촬영하는 운동선수들은 이런 정도의 훈련은 아무것도 아닐 텐데, 극한까지 운동하는 선수들의 마음을 이것으로 조금이라도 공감할 수 있지 않을까? 스포츠의 스피릿을 사진에 표현하고자 하는 사진가가 체력이 모두 고갈되는 극적인 순간의 희열감을 몰라서야 되겠는가. 운동과 아무런 관계가 없는 포토그래퍼가 갑자기 스포츠를 촬영한다고 하며 스토리텔링의 연결감이 없을 것이다. 진정으로 운동을 좋아하고 스포츠의 철학과 낭만을 잘 이해하는 사진가가 이 장르를 훨씬 더 잘 표현하지 않을까? 그래서 나는 더욱 극한까지 체력을 소진하는 것을 당연시한다. 비록 선수급으로 운동을 잘하지는 못하지만, 그래도 최선을 다해서 땀을 흘리며 운동을 경험해보는 것이 내가 촬영하는 스포츠 선수들을 향한 기본이자 예의라고 생각한다.

운동, 몸과 사진을 함께 빚는 유일한 방법

그런 이유로 작년부터 웨이트 트레이닝도 시작했다. 생애 최초로 퍼스널 트레이닝을 받으며 지금까지도 무거운 쇳덩이를 들고 있다. 더불어 근육을 공부하기 위해 신체 해부학 도서도 접했다. 그러면서 근육들의 이름이나 어떤 운동을 할 때 그 근육들이 활성화되는지 이해하기 시작했다. 이런 것들이 촬영을 할 때 꽤 도움이 된다. 예를 들어 뛰는 선수를 촬영할 때 "장요근을 더 들어 올리는 느낌으로 뛰어주세요"라든지, 어깨 근육이 멋진 선수에게 "측면 삼각근이 더 잘 보일 수 있게 만들어볼게요"라는 등의 신체 용어들을 자세하게 전달하면 선수분들은 나를 좀 더 신뢰하게 되는 것 같다. 그리고 그런 부분들이 합해져서 더 멋진 촬영 작품을 만들게 된다. 이는 스포츠 촬영을 하는 사진가가 운동을 잘 알아야만 하는 이유일 뿐만 아니라, 반드시 운동을 직접 해봐야 하는 이유라고 할 수 있다.

최근에는 철봉 운동과 풀업에 도전하고 있다. 철봉 운동은 작업으로 인해 틀어진 허리를 곧게 펴주는 데 큰 도움이 되고, 말린 어깨를 뒤로 펼쳐주는 데도 매우 효과적이다. 남성적인 넓은 상체를 만들어주는 것은 덤이다. 이렇게 나는 계속 신체를 발달시키도록 노력하고 있다. 운동은 정신적인 부분의 결을 단정하게 만드는 데도 도움을 주고, 활동 능력과 스태미너에도 큰 도움을 줄 뿐만 아니라, 스포츠 사진가로서 선수들의 정신력을 상상하고 그것을 사진으로 담아내는 것에도 도움을 준다. 또한, 신체와 근육을 어떻게 해야 더 멋지게 표현할 수 있는지에 대한 공부가 되기도 한다.

앞으로 뛰는 디렉션은 나의 삶의 방향과 일치한다. 지면을 일정하게 박차고 뛰어나가는 움직임은 삶이라는 먼 여정의 일부처럼 작지만 겹겹이 더해져서 나의 인생이 된다. 그러므로 나는 멈추지 않고 아름다운 부산항을 달릴 것이다.

#3

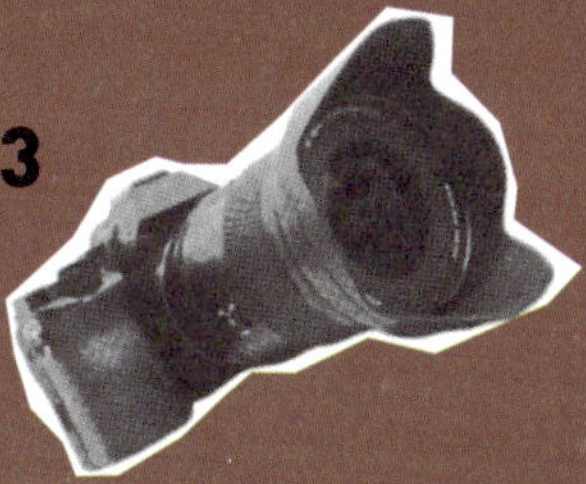

쓰디쓴 인생,
주먹 쥐고 일어서

시작과 끝을 모르고
부는 바람처럼

불안과 방황, 그리고 음악

어린 시절, 나는 혹독한 가르침 속에서 피아노를 배웠다. 피아노 학원을 했던 집안 환경 덕에 걸음마를 하기 전부터 피아노 소리를 들으며 컸다. 그래서인지 피아노를 배우기도 전에 아농, 바이엘, 체르니 같은 피아노 교재의 선율을 흥얼거렸다. 그 영향으로 나는 절대음감을 가지게 되었다.

초등학교를 졸업하기 전까지 주말을 제외하고는 거의 매일 피아노를 연습했다. 레슨 시간마다 연주를 틀릴 때면 차갑고 딱딱한 플라스틱 자가 사정없이 손등을 내려쳤다. 나는 언제나 바흐와 베토벤의 선율과 함께였다. 부모님의 뜻이었는지 내 마음에서 우러나온 의지였는지 모를 혼재된 기억이 나의 한 시절을 채우고 있다.

중고등학생 때는 불안한 가정환경 속에서 사춘기를 통과하며 질풍노도의 시기를 보냈다. 중학교까지는 반에서 상위권이었지만, 고등학교부터는 공부를 포기한 채 껍데기만 학교를 오갔다. 부모님의 이혼과 더불어 내 자아는 위치 찾기에 실패하고 중심을 잃었다. 마치 아이폰이 꺼져서 GPS로는 기기를 찾기가 불가능해진 것처럼 말이다.

어렸을 때는 어머니의 사랑 아래 열심히 피아노를 쳤고, 학급에서 1등을 다툴 만큼 공부도 꽤나 열심히 했다. 친구를 사귀는 것보다 책에 더 관심이 많을 정도로 독서도 좋아했다. 그러나 사춘기가 시작되면서부터는 분열되는 가족관계에서 벗어나 어딘가로 사라져 버리고 싶다는 생각을 자주 했다. 아버지의 강압적인 훈육과 공포스러운 집안 분위기가 집으로부터 나를 밀어냈다. 미래에 대한 기대와 준비보다는 자유로워지고 싶다는 갈망만이 미성숙한 내면에 꿈틀거렸다. 나의 모습을 한 껍데기는 가까스로 등교하여 교실 끝에서 잠만 자다가 하교를 하고 PC방이나 노래방에서 시간을 때웠다.

그러다 록 음악에 빠져 고등학교 밴드부에 가입했다. 밴드 활동은 즉시 해방감을 주었다. 클래식에서 벗어난 두 귀는 사이키델릭 사운드에 짜릿한 전율을 느꼈다. 내가 원했던 강렬하고 자유로운 것들은 모두 여기에 들어 있었다. 레드 제플린, 딥 퍼플, 건즈 앤 로지스 같은 고전 록은 귀에서 떨어질 새가 없었다. 독서실에 앉아서 잠깐만 들어야지, 했던 1번 트랙이 어느새 12번 트랙까지 명연주를 마쳤고, 그 감흥을 떨칠 수 없어 독서실을 나와 심야의 거리를 무작정 걸었다. 나도 이렇게 멋진 밴드를 해보고 싶다는 열망이 마음속에서 끓어올랐다. 결국 대학 진학을 위한 공부를 완전히 포기하고, 재수, 삼수를 거쳐 원하는 실용음악과로 진학했다.

청개구리가 뛰어간 또 다른 선택지

　어렸을 때 가족의 불화와 다툼으로 인해 스스로를 영구히 자유롭게 만들고 싶다는 심리가 꽤 오랫동안 내게 머물러 있었던 것 같다. 대학에 진학해서도 안정적인 경제활동을 위해 공부를 하거나 기술을 배워야겠다는 생각보다는, 언젠가 나라는 음악가가 더 발전해 세상이 알아봐주게 만들겠다는 대책 없는 꿈을 꿨다. 짧게 말하면 철이 없었던 것이다. 현실 인식 없이 오직 자유로워지고 말겠다는 허무맹랑한 목표만 가득했다. 드라마 〈이태원 클라쓰〉에서 주인공 박새로이가 7년 동안 원양어선을 탄 것을 보면서 '스물둘의 내가 저 배에 탔어야 하지 않았을까'라고 생각하며 방종했던 나의 20대를 잠깐 자책한 적도 있었다.

　삶의 목적과 이유, 그리고 그 틀을 벗어난 자유로운 가치에 대한 궁금증으로 도서관 의자에 엉덩이를 붙이고 책만 파기도 했다. 소크라테스부터 비트겐슈타인까지, 철학 전공생이라도 된 듯이 삶의 의문들을 책을 통해 해소하고 다녔다. 그 시절 덕분에 지금 내 사진 작업에 도움될 만한 사상과 철학적 가치관이 형성되었다고 할 수 있겠지만, 음악으로 성공하고자 하는 학생에게는 연습 시간만 빼앗는 도피 같은 것이었다. 당시의 내가 정상적인 학생이었는지 의심스러울 따름이다. 음악과에 진학해놓고는 도서관에서 시간을 보내는 괴짜라니. 남들과 반대로 하기를 좋아하는 나는 떡잎부터 청개구리였나 보다.

　졸업 후에 필드에서 음악 생활을 하면서 더 좋은 기회를 잡았을 수도 있었겠지만, 준비되지 않은 실력으로 인해 좋지 못한 결과들이 더해져 깊은 시름과 아픔의 시간을 보냈다. 스스로 무엇을 위해 이러한 삶을 살고 있는지, 내가 가고자 하는 길은 어떤 길이며, 현실적으로 어떤 방식으로 먹고살 수 있을 것인지에 대한 구체적인 질문들을 회피했다. 당장 오늘의 삶과는 거리가 먼 다른 세계에만 빠져 살았으니 진짜 현실이 다가왔을 때 무엇 하나 제대로 해낼 수 없었던 것이다. 나는 그때 처음으로 어른의 관문에 발을 내디딘 것 같다. 스스로 내린 선택들이 결국 잘못된 결과를 만들었고, 책임감 없었던 10대와 20대의 시간이 전체 인생에서 정말 중요한 시기라는 것도 뒤늦게 깨달았다.

김광석의 〈서른 즈음에〉라는 노래를 피아노 앞에 앉아서 애달프게 부르던 그 시기, 다른 길을 선택해야겠다고 마음먹었다. 대학생 시절부터 푹 빠졌던 사진을 직업으로 해보자는 결정이었다. 그 후로 나는 음악에는 얼씬도 하지 않았다.

배는 출항했고, 이제는 되돌릴 수 없는 사진의 길
◉

사진이 유독 좋았던 이유는 앞서서도 언급했던 자유를 추구하는 가치관 때문이다. 카메라와 노트북만 있으면 세계 어디에서나 작업을 할 수 있다는 점이 매력적이었다. 당시 내셔널 지오그래픽이나 매그넘의 사진작가들의 책을 읽거나 강연을 들으며 음악과 닮은 사진작가들의 자유에 참으로 설레었다. 음악이라는 우선지

너머의 무한한 자유를 카메라와 사진, 그리고 프레임에 담기 위한 여정으로 바꿔서 생각했던 것 같다. 그 여정은 분명한 방향 없이도 나를 이끌었다.

그렇게 화려한 겉모습에 매료되어 장기적인 목표를 섬세하게 설정하지 못한 채 사진에 입문했다. 음악이나 사진이나 외적인 부분에 홀리기 쉽다. 겉으로 화려한 직업일수록 그 대가는 훨씬 크고 혹독하다. 혹시 직업 사진가 지망생이 이 글을 읽고 있다면 나를 반면교사로 삼길 바란다. 사진을 시작했을 때 강력한 멘토에게 제대로 된 사진 입문의 길을 사사했다면 사진의 본질을 깨닫는 데에 훨씬 더 순탄한 지름길을 택할 수 있었을지도 모르겠다. 그래서 이제 시작하는 다른 이들은 그러한 시행착오를 줄일 수 있기를 바라는 마음에 최대한 도움을 주려고 하고 있다.

그때는 치열했다기보다는 치기 어린 뜨거운 감정이었다. 좋아서 하는 일을 열심히 하는 정도였던 것 같다. 하지만 진정성 있는 치열함은 자기를 객관화하면서 좋은 길을 섬세하게 찾는 노력에 있다. 스냅 촬영을 하면서 내가 기울인 노력은 치열함에는 이르지 못하고 있었다.

지나온 40여 년을 돌아보면 나는 한 그루 나무 같았다. 가지가 뚝뚝 꺾이기도 하고 바싹 메마르기도 했다. 시원한 빗줄기를 맞으며 푸른 이파리를 넓고 아름답게 펼치기도 했다. 신체적 성장은 멈췄을지라도, 내면에 뿌리내린 질긴 생명력은 늘 나은 모습을 드러냈다. 마치 버드나무처럼 말이다.

내 성향의 어두운 면은 나를 시련과 슬픔 속으로 끌어들였지만,

밝은 면은 다시 일어서 푸른 모습을 띠게 했다. 하루를 살아가고, 한 해를 돌아보고, 십 년을 회고할 때마다, 나의 모습은 단순히 규정할 수 없는 다양한 형태로 반복과 변화를 거듭해왔다. 나는 이러한 성격을 억누르려 하지 않았다. 그것이 좋든 나쁘든, 내가 선택한 길이기에 앞으로도 후회하지 않고 그 길을 달려갈 것이다.

어떤 이들은 자신의 삶이 구릉지대가 없는 평탄한 땅으로 이루어지기를 원한다. 나도 그런 생각을 한 적이 참으로 많았다. 특히 팬데믹 시기에는 안정적인 직장에서 남들과 비슷한 속도로 승진하고, 30대쯤 결혼도 하고 아이도 낳아 육아에 몰두하는 생활을 상상해보기도 했다. 평범한 인생과 거리가 먼 삶을 살아가고 있는 나에게는 오히려 그러한 삶이 더 귀중하고 성취하기 어렵다고 느껴진다. 아버지와 어머니가 훌륭하게 자녀를 키우고 은퇴하는 그 수십 년의 삶의 무게감은 앞으로도 내가 알지 못할 위대한 가치를 지녔다.

하지만 내가 선택한 삶의 방향은 이미 출항에 나선 지 오래되었고, 출발했던 항구로 되돌아올 수 없을 만큼의 인생이 진척되었다. 타인의 삶의 가치만큼이나 내가 선택한 삶의 가치 역시 그 책임이 막중하다. 인생은 시소 같아서 모든 것을 다 가질 수 없다고 생각한다. 끄트머리에 앉을수록 시소는 각을 높게 기울이게 될 것이다. 적당히 가운데쯤에 앉아서 무게 균형을 양쪽으로 적절히 맞추는 것은 내가 선택한 사진 인생에서는 불가능할지도 모르겠다.

어제의 나보다 오늘의 내가
사진을 더 잘 찍는다

청춘의 그림자

　나는 아직도 내가 청춘이라고 생각한다. 사전에서는 청춘을 10대 후반에서 20대에 걸치는 인생의 시기로 정의한다. 하지만 사회적 통념으로는 나이에 상관없이 열정과 도전 정신을 가지고 살아가는 태도를 의미하기도 하니, 나의 믿음이 근거가 없지는 않다. 더구나 건강한 몸을 위해 고강도 운동을 하고 있으니 체력적으로도 아직 팔팔하다.

　그런데 정작 진짜 청춘의 시기에는 많은 순간을 공허한 감정에 빠져 지냈다. 삶의 비전과 방향을 잘못 잡은 나머지 신중하지 못한 선택이 고통스러운 결과로 돌아오기도 했다. 뼈아픈 경험의 그림자 늘이 내 삶의 곳곳을 어둡게 덮있다. 눈물거운 노력으로 이제 겨우 그것들로부터 빠져나와 광명을 되찾고 있는 중이다.

　'내게 좋은 멘토가 있었으면 더 나았을까' 하는 생각도 자주 했

쓰디쓴 인생, 주먹 쥐고 일어서

다. 나 자체가 워낙 좌충우돌형 인간이었기에, 어떤 길을 제시하고 진솔한 조언을 해줄 사람이 가까이 있었다면 그런 고통과는 무관한 청춘을 보낼 수도 있었을 것 같다.

모두 다 지난 후회일 뿐이다. 이런 아픔이 비단 나만의 경험은 아닐 것이다. 시간을 헛되이 흘려보냈거나 잘못된 판단으로 경제적, 직업적으로 아픔을 겪은 30대, 40대가 생각보다 많다. 재화가 한정된 자본주의 사회에서는 누군가가 돈을 써야 다른 누군가가 돈을 번다. 누군가를 경쟁에서 이겨야 더 큰 파이를 점유하게 된다. 세상에 성공의 분량이 있다면 그것에 비례한 실패의 분량도 있을 텐데, 이 관점에서 보면 나는 성공보다는 패배를 훨씬 더 많이 경험했다.

이탈리아에서 보낸 리즈 시절, 그리고 변화의 갈망

2015년부터 이탈리아 스냅 촬영을 시작했다. 스냅 촬영이 약간의 신선함을 가지고 유행처럼 번지던 시기였다. 사진가들은 나름 정당한 가격을 받을 수 있었고, 나는 내가 받는 금액에 책임감을 느끼며 열정을 불태웠다. 1년 치의 스냅 촬영 일정을 오픈하면 예약이 금세 찼다. 나는 자유로이 이탈리아를 왕래하며 촬영을 하거나 여행을 하고, 다른 촬영 로케이션을 답사하러 다니는 등 역마살을 제대로 부렸다. 인스타그램 피드에 여행 사진을 올리면 많은 사람들이 '좋아요'를 눌러주었다. "여행하는 것이 직업이다"라고 말하면 누구나 부러워했다. 지금 생각해도 이 시기만큼 자유롭고 찬란

했던 리즈 시절은 다시 없을 것 같다.

2015년, 2016년, 2017년, 2018년… 이탈리아에서 한국인들을 대상으로 한 스냅 촬영 일은 걱정할 것 없이 잘 풀렸다. 한창 스냅 촬영을 하며 떠돌이 여행가로 살아가던 어느 날, 이탈리아 소도시의 한 호텔에 누워 나의 방향성에 대해 심각하게 고민한 적이 있다. 은하수를 촬영하느라 밤을 지새우고 새벽에 호텔로 돌아와 자고 일어나니, 커튼 사이로 햇빛 조각이 찌르듯 들어오고 있었다. 잠에서 깨도 꿈속 같던 그 정경 속에서 내가 언제까지 이렇게 사진을 찍을 수 있을지, 이렇게 사진을 찍는 것이 공허한 소리만 내고 있는 것은 아닌지 의문이 들었다. 자유를 빗댄 방임에 가까운 열정만 있는 것은 아닌지, 이런 사진들이 내가 발전하고 이름을 알리는 데에 진정 도움이 되는지 스스로에게 물어보았다. 그때의 삶이 토스카나의 새벽하늘을 가르던 은하수처럼 비현실적으로 느껴졌다. 하지만 당장 무언가를 바꿀 수도, 사진을 다시 배우러 어딘가로 갈 수도 없었다. 경제적인 수입을 스냅 촬영에 의존하고 있는 만큼, 기술적으로나 예술적으로 더 높은 가치의 사진을 당장 시도해보는 것도 쉽지 않았다.

그러나 나는 조금씩 떠돌이 생활에 지쳐갔다. 짐 가방을 들고 지구를 빙빙 도는 일은 몇 번은 행복할지 몰라도 지속할수록 피로도가 높아졌다. 게다가 2018년 이후 스냅 촬영 가격이 점점 내려가는 것을 그게 체감됐다. 스냅 사진은 진입 장벽이 가장 낮은 촬영 분야다. 카메라와 렌즈만 있다면 누구든 어렵지 않게 사람을 찍을 수 있다. 사진가 지망생이든 부업으로 사진에 접근하는 사람이든 샘플 촬영 몇 장과 가격표를 SNS에 걸어두면 쉽게 영업을 시작할 수 있다. 누구나 할 수 있는 일이라면 그 직업이나 장르는 곧 포화 상태가 되는 법이다. 그래서인지 2019년에 이르자 예약 건수가 확연히 줄어들었다. 사진으로 벌던 수익에 변화가 찾아왔고, 결국 나는 스냅 촬영을 그만두었다. 이 분야에서 1패를 기록하고 짐을 싸게 된 것이다.

때마침 나는 사진 교재들을 읽으며 스타일의 변화를 추구하고 있었다. 스냅 사진이 수십 년을 이어서 할 일은 아니라는 것을 이미 오래전부터 마음 깊이 느끼고 있었다. 이제는 변화를 주고 이 삶에서 벗어나고 싶었다.

나는 아직도 간절하다

하지만 이때의 1패는 뒤에 이어질 패배에 비하면 아무것도 아니었다. 이후 내가 선택한 모든 길은 지옥으로 내려가는 죽음의 계단과도 같았다.

2019년 가을, 한국에 정착해 사진 작업을 하기 위해 스튜디오 오픈을 결심했다. 스튜디오를 열고 싶다는 생각 자체가 이미 잘못된 판단이었던 것 같다. 한국에서 스튜디오를 열어 자영업자로서 생존한다는 것이 얼마나 어려운지 까막눈이었던 내게 보일 리 없었다. 전략도 없이 막연히 스튜디오를 차리고, 사람들을 촬영하고, 내가 하고 싶은 고차원의 사진도 연구하고, 가끔은 사람들과 모임도 가지는 꿈을 꾸었다. 내가 지금 사람들에게 절대 스튜디오를 차리지 말라고 말하는 것은 모두 이때의 잘못된 판단으로 비롯된 뼈아픈 경험 때문이다.

  2020년부터 3~4년간은 악몽 같은 시기였다. 이때는 100패쯤 한 것 같은 절망감을 느꼈다. 단 한 번도 좋은 일이 없었다. 그래서 더욱 사진에 매달렸다. 동업자에게 사기를 당하고 법률 분쟁까지 치렀던 2022년부터 2024년 초반까지는 죽었다, 생각하고 고통 속에서 사진 기술을 개발했다. 내가 하고 싶었던 스포츠 사진 장르에서 성공을 거두는 것이 나에게는 유일한 희망이었다. 성공하지 못하면 지하 몇 층까지 떨어질지 알 수 없는 상황이었다. 말 그대로 유일한 희망이자 마지막 빛이었다. 그래서 나는 미친 듯이 노력했고, 지금도 누구보다 열심히 살고 최선을 다하고 있다.

  흔히 말하길 이 분야는 지독한 레드오션이다. 대한민국에 사진가들이 너무나도 많다. 기술, 예술, 감각, 창의성 수준의 고저를 막론하고 모든 사진가를 포함했을 때 그 수가 비정상적으로 많아 보인다. 나도 그 과밀한 대열 속의 한 명이다. 스냅 촬영으로 쉽게 돈을 벌기 시작했고, 이상과 현실의 경계에서 허우적댔다. 그래서 사진을 더 공부하고 싶었으나 현실은 돈을 더 벌어야 하는 상황이었다. 어느 곳으로도 나아가기 어려운 어정쩡한 자세로 사진을 계속하고 있던 것이다. 그것은 결국 패배의 쓴잔을 받아들이는 것으로 이어졌다.

  가장 아픈 패배들을 연속으로 겪으며 삶의 차가운 펀치를 매일 얻어맞으면서도, 꿈을 키우기 위해서 독해지기로 결심했다. 내가 좋아하는 사진작가 조 맥널리의 조명을 분석하는 것부터 시작했다.

사진 실력을 높이기 위해 스스로 촬영 과제를 내고 묵묵히 수행했다. 또한 해외 스포츠 콘텐츠들을 매일같이 보면서 종목별로 어떻게 촬영해야 할지 연구하고, 가끔은 피트니스 클럽부터 취미 러너까지 촬영하며 감을 익혀나갔다.

낭떠러지에서 떨어지지 않으려고 한 손으로 버티는 심정이었다. 그리고 결국 절벽 위로 올라왔다. 아직까지 그 절박한 감정이 내 심장을 지배한다. 물론, 그때와 비교했을 때 지금의 상황은 매우 행복하고도 성공적이라고 할 수 있다. 나는 지금도 누군가에게 이런 실패하고 고통받았던 아픈 이야기들에 대해 "저, 그 절벽 앞으로 딱 한 발자국 걸어 나온 것 같아요"라고 말한다. 아직 성공한 것도, 안심할 때도 아니라는 것을 알기에 그때 떨어지지 않으려고 온 힘을 다했던 기억들을 매일같이 떠올린다. 누군가는 지금의 내가 사진가로서 너무나 잘 활동하는 것처럼 보이겠지만 내게는 큰 의미가 없다. 대게는 듣기 좋은 달콤한 말일 뿐인 것을 알기 때문이다.

간절함만큼 인간에게 큰 동력은 없는 것 같다. 나는 아직도 절박하고 간절하다. 발 한 번만 헛디뎌도 인생이 끝없는 낭떠러지로 떨어질 수 있다는 것을 경험했기 때문이다. 그래서 더욱 사진을 잘 찍고 싶어 매일매일 나 자신에게 좌우명처럼 반복적으로 들려준다. "어제의 나보다 오늘의 내가 사진을 더 잘 찍는다." 내 일을 즐기고, 내 일을 사랑하는 건강한 생각들이 앞에 있지만, 내 뒤에 큰 절벽이 있다는 것도 잊지 않는다. 그래서 나는 속도의 차이는 있을지언정, 앞으로 걸어가는 것을 멈추지 않는다.

카메라 대신
바코드 스캐너를 들다

코로나19, 동업자의 배신, 그리고 폐허가 된 스튜디오

나는 편의점 점주다. 사람들에게 "저 사실 편의점 점주예요"라고 말하면 대부분 놀란 표정을 짓는다. 당연한 일이다. 외모는 영락없는 예술가인데, 이 얼굴에 편의점 계산대가 어울린다고 생각하기는 어려울 테니까. 하지만 진짜로, 내가 운영하는 편의점이 있다.

때는 2020년 초봄부터 2022년 늦가을까지였다. 스튜디오 사업이 속절없이 무너져 내릴 때, 그 실패의 이유로 팬데믹을 꼽지 않을 수 없었다. 하필 팬데믹과 동시에 스튜디오를 열었고, 집합 금지 명령의 직격탄을 맞았다. 해외를 오가며 스냅 촬영을 하던 사진가로서의 길도 완전히 막혀버렸다.

거의 3년이라는 시간 동안 경제적 불안정이 그림자처럼 따라붙었다. 4인 이상 집합 금지로 스튜디오에 들어올 수 있는 인원이 제한되었으니, 찬바람이 불어닥친 것은 당연한 일이었다. 내 사업의 일부는 분명 팬데믹이라는 거대한 파도에 휩쓸려갔다. 물론 더 큰 문제는 동업자의 귀책으로 인한 부실 공사와 계약서의 빈틈이었지만 말이다.

바이러스가 온 세상을 덮어 인적 없는 거리에 칼바람만 휘몰아치던 어느 겨울날, 세상과 단절된 듯 고요하고 어두운 스튜디오 책상에 앉아 사진가로 살아온 삶을 후회했다.

많은 이가 나와 비슷하게 팬데믹의 시간을 기억할 것이다. 큰 변화가 없거나 반대로 호황을 누린 업종도 있겠으나, 문화예술 계통 종사자들은 공연과 행사가 모두 사라져 생계를 이어가기 위해 다른 일을 찾아야 하는 절망적인 상황에 놓였다. 내가 알던 이들 중에도 택배 배송을 하거나 대리운전을 하는 사람들이 꽤 많았다.

나 역시 그 격랑에 휩쓸렸고, 지금 돌이켜보면 어찌어찌 그 시간을 버텨낸 것이 기적처럼 느껴진다. 다른 일을 한다는 지인들의 소식을 들을 때마다 내 마음은 크게 흔들렸다. 나는 프로 사진가라기에는 실력이 한참 부족했고, 그런 내가 팬데믹 시기에 사진만으로 안정적인 수입을 얻을 수 없었으니, 본업 외 다른 수입원의 유혹을 뿌리치기란 어려웠다. '스튜디오를 잠시 접고 나가서 새로운 경험을 해볼까?'라는 내적 갈등은 나뿐만 아니라 수많은 문화예술인들이 품었을 고민이었다.

저물녘 스튜디오로 서서히 내려오는 어둠 속에서 컴퓨터 모니터에 비친 내 얼굴은 아마도 근심으로 푸석푸석하게 메말라 있었을 것이다. 다음 생에는 부모님 말씀을 잘 듣고 공부를 열심히 해서 외국계 대기업에 들어가거나 공무원처럼 안정적인 직장인이 되고 싶다고 생각했다. 팬데믹으로 인해 일터가 사라진 이들은 나와 비슷한 생각을 많이 했을 것이다. 월급이 꼬박꼬박 나온다니, 게다가 다들 재택근무를 한다니, 얼마나 부러웠는지 모른다.

스튜디오 사업에 들인 돈은 깨진 독의 물처럼 계속 새어 나가는데 잠이 올 리 없었다. 그때부터 혼자 술을 마시는 것이 습관이 되었다. 근심과 고민을 잠시 잊기 위해서라는 핑계로 넷플릭스의 자극적인 드라마에 빠져들기도 했다. 세상으로부터 멀어지려는 도피와 팬데믹을 헤쳐나가겠다는 직면이 마음속에서 끝없는 줄다리기를 하고 있었다.

팬데믹이 끝나고 내게 남은 것들

영원히 창궐할 것만 같던 코로나19 바이러스도 시간이 지나자 서서히 그 위세가 약화되었다. 사망에 이를 만큼은 치명적이지 않다는 이야기, 독감이나 심한 감기 정도로 지나간다는 이야기, 건강한 사람은 목만 좀 아프고 만다는 이야기가 들려왔다. 국가도 더는 경제적 타격을 감당할 수 없어 사회적 거리두기를 지속할 수 없게 되었다. 관광 수입에 막대한 피해를 본 국가들이 하나둘 빗장을 풀었다. 사람들이 다시 해외여행을 가기 시작했다. 팬데믹은 엔데믹이라는 이름으로 막을 내리는 듯했고, 문화예술인들이 다시 일할 수 있는 시기가 찾아왔다.

하지만 내 스튜디오 사업은 여전히 폐허 상태였다. 익사만 당하지 않았을 뿐, 3년간 허우적거리며 어떤 성과도 올리지 못했던 뼈저린 아픔은 그 누구도 보상해줄 수 없었다.

그럼에도 팬데믹을 통해 얻은 깨달음이 있었다. 프로 사진가라기에는 턱없이 부족한 실력을 인정하며 자기 성찰의 시간을 가졌다. 사진의 기본을 다지는 공부에 매진했고, 이는 지금의 작업물을 창작하는 데에 튼튼한 바탕이 되어주었다. 또 한 가지 수확은 아트 스포츠 촬영이라는 길을 발견한 것이다. 내가 좋아하는 조 맥널리의 사진에서 본 아트 스포츠 사진은 이미 해외에서 주목받고 있는 장르였다.

팬데믹 기간 동안 무너진 집을 철거하고 어떤 집을 다시 지을지 고민하며 튼튼한 기둥을 박았다. 다시는 실패하지 않겠다는 의지가 충만했고 지금이 진정한 사진가로 다시 태어날 수 있는 기회라고 생각했다.

약 10년 전, 처음 이 세계에 발을 들였을 때는 아무 계획 없이 카메라만 들고 비행기에 올랐다. '일단 가보면 뭐라도 되겠지'라는 막연한 생각만 있었다. 그때 이미 해야 했던 생각, 즉 프로 사진가의 길을 걷기 위해서는 튼튼한 대들보와 기둥이 필요하다는 것을 사업이 망하고 나서야 깨달았다. 기초 실력과 방향성, 이 두 가지가 있어야 했다. 조명과 포토샵에 대한 충분한 이해, 그리고 그 기본을 바탕으로 어떤 작품을 찍을지에 대한 고민을 마쳐야 했다. 아마도 팬데믹이 아니었다면 영원히 얻지 못했을지도 모르겠다.

어서 오세요, 편의점입니다

◉

팬데믹이 휩쓸고 간 자리에서 나는 안정적인 수입원을 꿈꾸게 되었다. 부침을 겪으며 사진 공부를 열심히 했지만, 언제 스포츠 촬영으로 제대로 된 수입을 얻을 수 있을지 미지수였다. 심지어 내가 꿈꾸는 스포츠 촬영 장르가 너무나 생소했기에 이런 색다른 장르의 촬영에 도전할 것이라고 말했을 때 비웃는 사람도 있었다. 그 사람이 지금 내 사진에 대해 어떻게 평가할지 궁금하다.

성공 여부를 전혀 알 수 없는 상황이라 무작정 직진만 하는 것은 큰 부담이었다. 스튜디오 실패에 이어 또다시 큰 실패를 겪는다면 상처 입은 뼈가 다시 부러지는 것과 같은 처참한 고통이 될 터였다. 그래서 안정적으로 할 수 있는 일을 찾던 중, 지인이 편의점 오픈을 제안했다.

내가 편의점 점주가 된다고? 대부분의 사람이 그렇겠지만, 살면서 편의점 창업을 생각해본 적은 단 한 번도 없었다. 예술만 알던 내가 편의점 조끼를 입고 "어서 오세요" 하고 인사하며 바코드를 스캔하게 될 줄이야. 이는 택배 배송이나 대리운전을 하는 것과 비슷했지만, 나름 조금 더 고정적인 직장 생활이라고 할 수 있었다. 잠깐 하고 빠지기는 어려운 일이었다.

처음 해보는 일을 장기적으로 끌고 가야 하는 고민이 있었지만, '까짓것 해보자!'라는 행동파의 마음으로 매장을 열고 1년 남짓 편의점맨으로 살아갔다. 사진가가 기능적으로만 보이는 짙은 남색 조끼를 걸치고 박스를 뜯고 바닥을 닦고 친절하게 인사하는 것이 뭐

어떤가. 한번은 편의점 계산대 안에 있는 나를 보고서 "이준희 사진작가 맞으시죠?"라고 물어보는 분도 계셨다. 나는 전혀 부끄러움 없이 "안녕하세요. 저 맞습니다. 반갑습니다"라고 인사드리기도 했다. 같이 점포를 관리하셨던 어머니께서 당시에 이런 나의 마음을 아셨는지 모르셨는지, 편의점에 온 손님들이 조금만 친해졌다 하면 "여기 점주님이 사진작가예요"라고 말하고 다니셨다(편의점은 지금 어머니께서 대신 운영하고 계신다).

팬데믹이 끝나고 엔데믹이 찾아올 무렵, 나는 인간이 막을 수 없는 불가항력의 것들이 분명히 있다는 교훈을 얻었다. 코로나19 같은 바이러스가 다시 유행한다고 해도 인간이 할 수 있는 일은 별로 없다는 뜻이었다. 사회적 거리두기를 하거나 효과가 있을지 없을지 모를 백신을 뒤늦게 개발하는 것 말고 다른 방법이 있을까? 나뿐 아니라 많은 사람이 이러한 사회적 무력감을 느끼게 된 것 같다.

그런데도 뉴스에서는 새로운 병원체에 대한 기사가 끊임없이 쏟아져 나왔고, 나는 더는 세상을 믿을 수 없었다. 그래서 삶의 안전을 위해 잠시 조끼를 입고 많은 시간을 편의점에서 보냈다. 정리의 신이 되어 매장을 쓸고 닦고, 물건을 진열하고, 유통기한이 임박한 제품을 골라내고, 상품의 빈자리에 새 제품을 채워 넣고, 하루도 빠짐없이 상품을 발주했다. 파트타임 점원을 관리하고 급여를 지급하는 등 편의점 관리 업무도 빼놓을 수 없었다. 점원 중에는 갑자기 연락이 끊기는 사람도 있었고, 자신의 몸이 피곤하다며 상품 발주량을 줄여달라는 청년도 있었다. 이러한 완전히 색다른 경험은 삶의 또 다른 배움이 되었다.

꿈을 잃지 않았다면, 조금 돌아가도 괜찮아

꿈을 향한 길을 조금 돌아서 갈 수도 있다. 세상이 오직 직진만 허락하는 것은 아니다. 행동파 사진가로 시작했던 그 시절처럼 오로지 앞으로만 나아갔다면 세상살이가 얼마나 쉬워 보였을까? 때로는 유턴을 하거나, 진입로를 놓쳐 다른 길로 우회해야 할 때도 있다. 그래도 방향만 크게 벗어나지 않는다면, 그 나른 길 위에서 예상치 못했던 배움을 얻을 수 있다면, 그것만으로도 충분히 의미가 있다. 실패도 배울 점을 남길 것이다. 성공인지 실패인지 판단할 수 없는 모호한 경험들도 열정이 깃들어 있다면 삶의 지표를 만들어 줄 것이다. 정해진 길 밖의 다른 길에서도 최선을 다했다면, 그것 역시 자신이 한 선택과 행동이었을 테니 충분한 의미가 깃들어 있지 않을까? 중요한 것은 지나온 길, 선택, 노력과 행동을 반추하는 자세를 갖는 것이다.

작은 편의점에서 야간 근무와 청소를 마치고 퇴근을 기다릴 때였다. 창문을 통과해 들어오는 새벽빛이 진열대의 상품에 붉그스름하게 깃드는 장면을 마주했다. 그러자 노을이 가시고 어둠 속으로 침잠하던 스튜디오 책상 앞에서 절망했던 나의 모습이 희미하게 겹쳤다. 그 이미지는 예술의 꿈을 가지고 헤매던 사진가의 칠흑 같은 삶에 꿈같은 서광이 안온하게 물들고 있는 것처럼 느껴졌다.

단 하루도 문을 닫지 않는 24시간 편의점에 많은 사람이 물건을 사러 온다. 나는 잠시나마 그들에게 일상에 필요한 물건을 파는 편의점 점주가 되었다. 그리고 이 모든 경험이 나의 삶이라는 커다란 작품을 완성해줄 수 있는 하나의 재료가 되었다.

인생의 수렁에 빠졌을 때, 나를 버티게 한 목표

인간은 예술적이고 아름다운 존재라고 믿었다

나이를 먹으면 친구가 적어진다고 한다. 마흔 줄에 들어선 나 역시 이제 사람 만나는 일을 되도록 줄인다. 친했던 이들은 결혼과 일을 이유로 만날 기회가 점차 줄어들고 연락도 뜸해졌다. 카카오톡에 생일 알림이 뜰 때나 안부를 묻고, 연말 즈음에 연락하는 것 외에는 딱히 마주 앉아 식사할 기회도 없다. 혈기 넘치던 20대 시절처럼 삼겹살에 소주 한잔 기울일 여력도 남아 있지 않다. 아마 모두들 각자의 생존에 에너지를 쏟아내며 살아가고 있을 터이다.

팬데믹이 있기 전까지는 사람 만나는 것을 좋아했다. MBTI 유형도 대문자 E, 그러니까 에너지의 방향이 외향형이다. 사람들과 대화하며 그들을 이해하고 정을 나누는 것이 더없이 소중했다. 지금과는 달리, 당시의 나는 사람이 차고 넘치는 서울살이가 좋았다. 경기도까지 합하면 2,600만 인구와 어깨를 부대끼며 다양한 이들과 교류하는 것이 나쁘지 않았다. 수많은 사람과 사진 모임을 가졌고 '준슐랭 가이드'를 만들어 즉흥적인 맛집 탐방을 즐기기도 했다.

이렇게 사람을 많이 만나다 보니 모임에 성격이 모난 이들이 더러 있었다. 하지만 모든 것을 관용적으로 바라보고 사람들을 사랑하려 했다. 어쩌면 종교인의 마음일지도 모르겠다. 한 사람의 면면에는 부정적인 모습도 있지만 선한 모습도 있을 것이고, 그런 다양하고 입체적인 모습들이 결국 그 사람의 형태를 이루고 있다고 생각했다. 그래서 사람 자체가 예술적이고 아름다운 존재라고 믿었다. 인간은 세상에 숨 쉬는 그 어떤 생명체보다 훨씬 복잡하고 다채롭다. 우리는 가끔 어떤 이들을 온전히 파악할 수 없는데도 불구하고 맹렬히 미워하고 비난의 세례를 퍼붓는다. 우리의 눈은 세상을 단면으로밖에 보지 못한다. 가만히 앉아 진실의 벽을 넘나들며 바라볼 수 있는 눈은 그 누구도 가지고 있지 않다.

주위를 둘러봐도 절벽밖에 없던 날들

하지만 때로 악한을 만나기도 한다. 그럴 때면 인간을 예술적이고 아름다운 존재라고 믿을 수가 없다. 한때 나는 인물 사진을 찍는 사진가로서 사람들의 다양한 모습을 이해하려고 노력했지만, 지금은 그렇지 않다. 예전의 술잔을 기울이던 모임 역시 이제는 갖지 않는다.

당시의 나를 기억하는 이들이 지금의 나를 알게 된다면 깜짝 놀랄 만큼 나는 변했다. 평범한 헤어스타일을 하고 사람을 좋아했던 보통의 30대 청년이었던 나는, 이제 어깨를 넘는 장발을 머리끈으로 단단히 묶어 이마를 시원하게 드러낸 아재가 되었다. 최근에 나를 알게 된 사람들은 내 옛 모습이 담긴 사진을 보고 놀라고, 예전의 나를 알다가 오랜만에 만난 사람들은 현재의 내 변화에 놀란다. 중요한 것은 나 스스로 그때의 나와 현재의 나를 완전히 다른 사람으로 정의한다는 것이다.

  이렇게 변한 것은 '악한'과 동업을 했기 때문이다. 팬데믹 시절 함께 스튜디오를 열었던 그 동업자는 변하기 전의 내가 모임에서 알게 된 사람이다. 그로 인해 모든 것이 파탄 나고 법률 분쟁까지 벌어지고 말았다. 사람을 좋아했던 한 사람의 순진함이 인간의 탐욕을 간과한 나머지, 인생의 일부분을 수렁에 빠트리게 된 것이다. 그 후 나는 인간관계를 줄여나가기로 다짐했다. 나의 생존을 위해서 말이다. 스타일에 변화를 준 것도 생각이 짧았던 과거를 청산하고 더 강해지겠다는 의지를 보여주기 위해서다.

  스튜디오 사업은 동업자의 귀책사유로 인해 악화 일로를 걸었다. 다시는 떠올리고 싶지 않을 정도로 매일 우울감이 찾아왔고 세상이 온통 잿빛으로만 보였다. 법률 분쟁까지 치달았던 당시, 주변에 도움의 손길을 구했지만 외면하는 이들도 있었다.

  그런 일들을 겪으면서 어떻게 스포츠 사진 장르를 개발하겠다고 연구하고 촬영을 했는지, 그때의 나를 떠올리면 안쓰럽기 그지없다. 어떻게든 버티며 성공할 수 있는 사진을 해보겠다고 다짐하면서, 늦은 밤까지 눈이 뻘게지도록 사진을 보정하거나 무거운 조명을 끌고 가 온몸을 필드에 내던지기도 했다. 동시에 변호사 사무실을 드나들며 재판에 나서기도 했으니, 스러지지 않으려 버티는 그 시간이 나를 성장시켰던 것 같다.

뒤돌아보면 내게는 절벽밖에 없었다. 여기서 밀리면 끝이었다. 인터넷에서나 보던 인생이 한순간에 나락으로 떨어지는 사건들이 남의 일이 아니었다. 두 발에 힘을 주고 버티자. 버티면서 이를 악물고 나를 갉아먹던 일들을 밟고 일어서자. 그래서 대한민국 최고로 인정받는 사진작가가 되자. 그렇게 목표를 향해 온몸을 불사르며 뛰어가겠다고 마음먹었다.

새벽빛은 결국 다시 찾아온다

어둠 말고는 아무것도 없을 줄 알았던 밤이 지나고, 서서히 새벽빛이 깃들면 새까만 밤하늘이 검푸르게 변하기 시작한다. 미드나잇 블루 같은 푸른색으로 바뀌기 시작한 그 새벽의 어둠은 광범위한 보라색의 그러데이션으로 천천히 변하다가, 점점 뜨거운 기운이 스며드는 듯 자홍색으로 물든다. 레드와인 같던 하늘의 색은 아무것도 보이지 않던 세상에 대비감을 만들기 시작하고, 이내 열기가 가득한 뜨거운 빨간색이 하늘 전체를 뒤덮는다.

그 시간이 되면 진실들이 불처럼 맹렬히 빛난다. 이제 삶을 다시 한번 시작할 시간이 된 것이다. 청춘이 한 바퀴 돌아 다시 제자리를 찾아온 듯한 느낌이 든다. 어둠의 심장부를 지나온 지금의 내 삶이 바로 그렇다. 어떤 불보다 뜨겁게 살아갈 마음이 매일같이 타오른다.

그때의 고통은 온몸의 뼈마디를 조각조각 쪼개듯이 아프게 느껴진다. 자다가도, 걷다가도, 사람을 만나도, 숨만 쉬어도 떠오른다. 아무렇지 않은 척 호방하게 웃으며 사람들과 이야기를 나누는 순간에도 나락으로 떨어질 뻔한 고통의 기억이 마음 한 편에서 떠나지 않는다. 살면서 더 나은 것들이 아픔을 뒤덮어 새 살로, 새로운 세포로 바뀌기를 간절히 원한다.

이 시간을 겪은 후, 나는 사람 사귀는 것을 가급적 피한다. 이런 나의 곁에 남은 소수의 사람들, 마음을 계속 나눌 수 있는 사람들에게 너무나도 감사하다. 그 어렵던 시절에 당신들이 나를 챙겨주었기에 내가 그나마 스러지지 않고 버틸 수 있었다.

앞에서도 언급했지만, 나는 대한민국 최고의 사진작가가 되고 싶다는 목표가 있다. 누군가는 비웃을 수도 있지만 꿈을 꾸는 데에 눈치를 볼 필요는 없다. 꿈을 꾼다고 누군가에게 피해를 주는 것도 아니니 말이다. 오히려 당당하게 원하는 것을 주문처럼 말하고 다닌다면, 언젠가는 정말 그 목표가 이루어질 수도 있지 않을까? 그래서 나는 "한국에서 최고의 사진작가로 인정받고 싶다. 세계적인 사진작가가 되고 싶다"는 말을 하고 다닌다.

그러기 위해서는 남은 시간 동안 사진에 모든 것을 쏟아부어야 한다. 사진에 몰입할 수 없었던 고통스러운 시간이 있었기에, 작업에만 전념할 수 있는 인생이 얼마나 행복한지 질 알게 되었다. 버티느라 잠깐 자영업을 겸했던 시간도 있었고, 지금도 과거로부터 연장된 일들이 그림자처럼 딸려 와 자꾸만 삶을 흔들려고 한다. 그런 것들을 모두 건강한 새 살과 새 근육으로 덮으려면 최고가 되는 방법밖에 없다. 그렇게 최선의 노력을 다할 때 나 자신이 자유로워지는 것을 느낀다. 노력의 결실을 딛고 예술이라는 경계 없는 세계로 더욱더 나아가고 싶다.

2022년
11월 4일

하늘이 무너졌어도 할 일은 해야지

스튜디오가 무너졌던 2022년, 앞에서 언급한 것 이상으로 많은 일이 있었다. 상업사진을 시작한 이래, 제대로 된 비전 없이 직진만 했던 삶이 뚝 소리를 내고 부러진 시기였다. 팬데믹과 동시에 개업했던 스튜디오는 대부분의 시간 동안 조명도 켜지 못한 채 잠겨 있었다. 생각도, 전략도 없이 시작했던 사업이었기에 잘못된 선택의 결과는 악몽보다 더한 현실로 나타났다.

강의에서도 늘 이야기하지만, 깊은 고민 없이 가볍게 내린 결정은 결국 새드 엔딩으로 돌아올 수밖에 없다. 직업 사진가로서 앞으로 무엇을 이뤄낼지, 현실적으로 어떤 경제적 이익을 얻을지, 이 일이 나를 행복하게 해줄 수 있을지에 대한 것들을 혼자서만 고민하지 말아야 한다. 본인보다 경험이 많은 이들, 실패와 고초를 겪어본 이들, 그리고 성공을 해본 이들에게 조언을 구해야 한다. 그 조언들의 공통점과 차이점을 살펴보고, 그 조언들이 자신의 내면에서 어떻게 변화하는지 차분하게 지켜봐야 한다.

나는 멘토가 너무 없었고, 사기꾼 같은 사람의 달콤한 말만 들었다. 시간을 두고 생각하지 못하고 '모 아니면 도'처럼 섣불리 판단했다. 세상은 의지 하나만으로 모든 것을 이룰 만큼 너그러운 곳이 아니라는 것을 절망 속에서 깨달았다.

지금은 중요한 일일수록 충분한 시간을 갖고 내면에서 사건이 가진 형태의 변화를 지켜본 후에야 결정을 내린다. 이런 과정을 거치면서 스스로 조금 더 어른이 되었다고 느낀다. 좀 더 빨리 알았더라면 좋았겠지만, 이미 지나간 일이다. 이 경험을 학습의 기회로 삼는 수밖에 없다.

이 시기의 나는 제정신이 아니었지만, 그래도 할 일은 했다. 스포츠 촬영 기술을 익히기 위해 해외 자료를 찾고, 그것들을 바탕으로 촬영 계획서를 만들었다. 매일 마음이 무거웠지만 스포츠 촬영에 대한 의지는 뜨겁게 타올랐다. 죽지 않기 위해 성장해야 했다. 더 이상 물러설 곳이 없다는 절망감, 이대로 스튜디오와 함께 침몰하면 끝이라는 절박함이 오히려 무엇이든 할 수 있을 것 같은 에너지가 되었다. 인간에게 이보다 큰 동기부여는 없을 것이다.

하이힐을 신고 마르세유 턴을 하는 축구 선수

🌀

포토 세미나에서 "어떻게 하면 작가님처럼 스포츠 촬영을 할 수 있나요?" "어떤 것부터 시작하면 될까요?" 같은 질문을 많이 듣는다. 이런 질문에 나는 "그냥 많이 찍어보세요" 같은 답변 대신 이렇게 말한다. "스포츠는 여러분 주변 어디에나 있습니다. 주변에 운동하시는 분들이 모두 피사체입니다. 피트니스 클럽에서 크로스핏을 하는 사람이나, 테니스, 탁구 같은 스포츠 동호인뿐 아니라 공원을 달리는 사람들도 많습니다. 이론적으로 준비가 어느 정도 되었다면 주변 지인들을 섭외해보세요. 제안하면 싫다는 사람보다 좋다는 사람이 더 많을 겁니다."

대한민국에 운동을 즐기는 사람이 천만 명은 족히 될 것이다. 처음부터 대형 스포츠 스타를 찍을 필요도 없고, 찍을 수도 없다. 자신의 실력이 좋지 않다면 일반인이나 아마추어 선수부터 차근차근 찍어보면 된다. 하지만 안타깝게도 이런 섭외와 연출이 들어가는 촬영 자체를 일반 취미 사진가들은 부담스러워한다. 실력과 별개로 자신감만은 있어야 하는데 말이다. 나도 처음에는 그렇게 시작해서 조금씩 저변을 넓혔다.

2022년 11월 4일은 나에게 특별한 날이다. 광화문 광장에서 여자 축구 선수를 촬영한 날이기 때문이다. 축구 선수를 촬영하는데 왜 광화문인가 의아하겠지만, 나는 의미들이 부딪히는 반전 상황을 즐긴다. 존경하는 사진작가들의 작업에도 그런 반전 요소들이 많았다. 하이힐을 신고 광화문에서 공을 치면 어떤 장면이 연출될까? 그 모습은 초록색 필드에서 유니폼을 입고 공을 치는 것보다 훨씬 혁명적인 느낌 아닐까?

장소와 사건이 상반되는 상황을 사람들에게 보여주면 '왜 이 장소에서 이런 행동을 할까?'라며 의아해한다. 그러면서 오히려 신선하게 생각하고 사진을 더 오랫동안 바라본다. 궁금증을 유발하는 것이다. 이런 기법을 '낯설게 하기'라고 하는데, 이때부터 추구했던 작업 스타일은 지금의 〈춤추는 사상〉 프로젝트까지 이어졌다. 공장에서 왜 춤을 출까? 이발소에서 왜 춤을 출까? 이처럼 낯선 시선으로 프레임을 바라보게 만들어 호기심과 흥미를 느끼게 하는 것이다. 사진이든 다른 예술 분야든 뭐든, 반대로 가면 성공할 것이라는 나의 '거꾸로 정신'은 2022년 11월 4일에 확고하게 뿌리를 내렸다.

늦가을이었지만 초겨울의 찬바람이 덮쳐온 이날, 내가 촬영한 사진들 중에 가장 좋아하는 사진 하나가 탄생했다. 광화문과 경복궁 주변에서 여자 축구 선수가 결혼식 하객 같은 복장에 깨끗한 구두를 신고 공을 차며 개인기를 하는 색다른 모습. 샛노란 은행나무 잎들이 떨어질 때라 분위기는 서정적이었다. 대체 왜 이 사람은 이 복장에 이 장소에서 이렇게나 축구공을 잘 다루는 것인지 보는 이가 궁금해할 만한 신선한 장면이었다. 흰색 블라우스에 무릎까지 오는 H라인 스커트를 입고 정장 구두를 신은 채 긴 머리를 휘날리며 마르세유 턴을 하는 여성. 반전이 느껴질 수밖에 없는 이런 사진을 나는 앞으로도 계속 추구할 예정이다.

쓰디쓴 인생, 주먹 쥐고 일어서

빙벽 같은 어둠을 뚫고 촬영한 미식축구 선수들
◎

촬영을 마치고, 나는 다음 촬영을 도와줄 친구 한 명과 함께 곧장 부산으로 출발했다. 이튿날 새벽 부산에서 미식축구 촬영이 있었기 때문이다. 이때만 해도 운동선수들과 촬영할 기회가 드물었기에 피곤한 몸을 이끌고 최선을 다해 달려갔다. 11월에 접어들어 해가 더욱 짧아진 탓에 땅거미가 빠르게 내려와 고속도로 주변을 검게 덮었다. 갑작스럽게 찾아온 추위에 어두운 밤이 두꺼운 빙벽처럼 느껴졌다. 추위로 인해 새벽 촬영이 걱정되었지만, 경부고속도로를 달리는 자동차를 멈출 수 없었다. 그렇게 남쪽에 살고 있는 지인의 집까지 거의 단숨에 달려갔다.

나는 보정을 바로바로 하는 것이 습관이어서 이때도 조수석에 앉아 노트북을 펴고 보정을 했다. 칼바람이 부는 날씨에 힘겹게 야외촬영을 하고서도 쉬지 않고 차에서 보정까지 하다니. 열의가 가득한 몸은 추위를 느낄 새가 없었다. 사진에 집착하는 욕심과 빠르게 이미지를 만들어서 전체적으로 작업이 잘되었는지 살피고 싶은 조급함이 내 눈꺼풀에서 잠을 쫓아냈다. 어두운 차에서 작은 노트북을 켜고 이미지를 세세히 살펴보는 것은 엄청나게 피로한 일이다. 그럼에도 집중력을 잃지 않았고, 남쪽을 향해 출발한 지 대략 두 시간 만에 주요 사진들의 보정이 완성되었다.

옆에서는 나의 촬영을 많이 도와준, 형제보다 더 끈끈한 친구 B가 핸들을 잡고 있었다. B도 취미로 사진을 찍는데, 내가 스포츠 사진에 대한 경험을 쌓는 데에 엄청난 도움을 주었다. 내 촬영은

반드시 조명을 사용해야 하는데, 조명을 잡아줄 사람이 없으면 애초에 모든 촬영이 불가능하다. B의 조력이 없었다면 나는 여기까지 오지 못했을지도 모른다. 그는 아무런 대가 없이 촬영이 생기면 곧장 달려와서 함께 무거운 조명을 짊어지고 촬영을 도왔다. 촬영 현장이 재미있고, 함께 다니며 좋은 곳을 많이 가볼 수 있으며, 놀라운 움직임을 보이는 선수들을 만나는 즐거움도 있었겠지만, 그럼에도 어느 누가 이런 봉사를 즐길 수 있겠는가. 지금 내가 만들고 있는 가치 있는 결과물들은 많은 부분이 그의 조력과 연결되어 있다.

인생 대부분의 일은 개인의 노력만으로는 해낼 수 없다. 아무리 의지가 강하고 성실하다 해도 홀로 모든 것을 감당하기에는 역부족이다. 기꺼이 나와 함께하는 좋은 사람들 덕분에 나는 계속 성장할 수 있었다. 아무리 내가 사람 때문에 상처 입고 쉽게 사람을 믿지 않는 냉정한 성격으로 변했다고 해도, 나의 마음 깊은 곳에는 사람에 대한 사랑과 선함이 깔려 있다는 것을 느낀다. 그리고 그들에게 받은 것 이상으로 갚아주고 싶다는 소망이 있다.

차량 내부에는 히터에서 나오는 따뜻한 공기가 가득했다. 반대로 바깥에는 그 어떤 겨울보다 더 차가울 것 같은 냉랭한 밤이 흐르고 있었다. 헤드라이트가 비추는 점선 형태의 차선은 우리가 부산으로 달려가는 속도만큼 빠르게 과거로 사라졌다. 그때의 내가 어둠 속에서 도로 위의 차선밖에 볼 수 없었던 것처럼, 나는 알 수 없는 미래를 향해 나아가고 있었다. 언젠가는 저 어둠의 심연이 가장자리부터 밝아지면서 내 인생에도 다시 한번 주홍빛 서광이 들지 않을까, 그런 생각들을 했다. 희망을 가진다 해도 고속도로를 덮은 밤은 영원히 끝나지 않을 것 같은 육중한 무게감이 있었다. 그런 분위기가 두렵기도 했지만, 그렇다고 이미 지나온 길을 되돌아갈 수는 없었다. 나 자신을 믿고 앞으로 나아갈 수밖에 없었다. 이런저런 대화와 생각을 거듭하다 보니 차는 대략 다섯 시간을 달려 지인의 집에 도착했다.

오랜만에 만난 지인을 반길 새도 없이 다음 날 새벽 촬영을 위해 잠을 청했고, 새벽 4시 30분쯤 기상했다. 촬영이 아침 6시에 시작되기 때문이었다. 낮의 훤한 풍경이 아닌 완전한 검은 배경 속에서 선수들을 촬영하고 싶어 무리하더라도 이른 아침 촬영을 감행했다. 촬영지에 도착해 준비하는데 의외로 피곤한 느낌은 전혀 들지 않았다. 무슨 의지가 그렇게 몸을 뜨겁게 움직이게 했는지, 집중력은 오히려 더 좋았다. 무거운 조명들을 옮겨 배치하고 선수들에게 특정한 동작 연출을 부탁해 촬영했다. 그렇게 원하던 촬영을 또 한 번 마칠 때쯤, 부산의 한 운동장에는 아침 햇살이 조금씩 스며들고 있었다.

피로를 풀 사이도 없이 달려간 국가대표 촬영 현장
●

이제 숙소에서 발 뻗고 눈을 좀 붙일 것 같겠지만, 이것이 마지막 촬영이 아니었다. 국가대표 우슈 선수와 늦은 오후에 대나무 숲에서 촬영하기로 약속이 되어 있었다. 약 24시간 내에 세 가지 촬영을 마치는 것이 이번 투어의 목표였다.

아침 식사 후 잠이 몰려오기 시작했지만, 바다를 볼 수 있는 카페에 자리를 잡고 아침에 촬영했던 미식축구 선수들의 사진을 보정하기 시작했다. 빠른 보정 실력이 내 장기라고 할 수 있는데, 이날도 웬만한 사진들은 이때 보정이 거의 끝났다.

점심을 먹고 바닷가로 나가서 산책을 했다. 새벽에는 때 이른 추위가 엄습하는 것 같았지만, 오후가 되니 바삭하고 따뜻한 햇볕이 가을 본래의 분위기를 되찾아주었다. 잔잔한 바람은 거품 낀 물결을 해안으로 끊임없이 몰아왔고, 시간이 잠깐 멈춘 것 같은 한적한 풍경을 보고 있자니 긴장했던 근육이 잠시나마 풀리는 것 같았다. 다 내려놓고 반짝이는 바다 풍경이나 보며 술이나 한잔 마시면 좋겠다고 생각했지만, '끝날 때까지 끝난 게 아니다'라는 생각으로 마음의 긴장을 놓지 않았다.

우리는 기장 쪽에 있는 대나무 숲으로 이동해 선수를 만났다. 무거운 장비를 들고 약간의 등산을 하느라 서늘하고 건조한 날씨 속에서도 땀을 흘렸다. 이날 같이 고생해준 B에게 다시 한번 감사의 말을 전하고 싶다.

산길을 이리저리 오가다가 울창하고 굵은 대나무들 사이에 자리를 잡았다. 서둘러 조명을 설치해 구상했던 사진들을 촬영했다. 지금은 이 사진들을 사용하지 않지만, 이때의 경험들은 지금의 내가 스포츠 촬영의 최적값을 가질 수 있게 해준 귀중한 데이터이자 스포츠 촬영 아카이빙이었다. 이런 연구와 경험 축적이 있어야만 스포츠 사진을 전문적으로 담을 수 있게 된다는 것을 체험하고 증명한 시간이었다.

스포츠 촬영뿐만 아니라 패션, 행사, 반려동물, 웨딩, 인물 사진, 기타 특정 장르의 전문 사진가가 되기 위한 길에 왕도는 없다. 열심히 공부하고 책을 읽고 강의를 들으며 이론을 채워야 한다. 이론을 실현하기 위한 계획을 세우고 촬영을 거듭해나가며 기술적인 완성도를 끌어올려야 한다. 사람들에게 팔 수 있는 상업사진의 안정성을 갖추는 것, 즉 퀄리티 컨트롤의 마스터가 되기 위해 노력해야 한다.

저녁이 오기 전에 우슈 선수 촬영을 모두 마쳤다. 드디어 서울로 돌아갈 시간이 되었다. 다시 다섯 시간을 운전해서 돌아가야 하는 먼 길이었다. B는 한 번도 힘든 내색 없이 운전했다. 이틀 동안 800km가 넘는 거리를 차를 몰고 달린 것이다. 이날 일은 지인들과 있을 때 한 번씩 꺼내는 B의 영웅담이 되었다. 참 고마운 일이다.

돌아가는 고속도로에는 다시 한번 땅거미가 지고 있었다. 창밖의 풍경이 따뜻한 오렌지 톤으로 서서히 물들었다. 하늘의 자취는 슬그머니 사라지는 것 같은데 채도는 빠르게 짙어지고 있었다. 곧 대부분의 풍경이 검은색으로 바뀔 것을 잘 알고 있었지만, 푸르고 붉은 창밖의 색감을 좀 더 오랫동안 멍하니 붙잡고 싶었다. 2022년 11월 4일과 5일은 그렇게 내 안에 깊숙이 기록되었다. 이때의 경험과 감정들은 손으로 잡을 수 없는 작은 입자가 되어 지금도 내 안에 그날의 색조를 선연하게 물들이고 있다.

임요환의 통산 전적을
아시나요?

21세기에 불혹은 단지 숫자에 불과하다

　나는 불혹(不惑)을 갓 지나왔다. 불혹은 공자의 『논어』로부터 나온 단어다. 나이 마흔이 되면 세상의 유혹에 흔들리거나 의혹을 품지 않게 되고, 올바른 판단을 내릴 수 있는 경지에 이르게 된단다. 나는 공자님께 이렇게 말씀드리고 싶다. "죄송하지만 적어도 2025년의 대한민국에서는 그 의미가 많이 달라졌습니다. 올바른 판단을 하는 경지의 나이라기에는 너무 많은 사람이 실패하고 넘어지며 실의에 빠집니다."

　현대인의 평균 수명 등 대부분의 환경이 공자가 살던 시절과 다르다 하더라도, 지금의 복잡한 사회는 사십이든 오십이든 육십이든 잠깐 한눈팔면 나락으로 떨어질 수 있는 세상이다. 이제 불혹은 단순히 숫자를 의미할 뿐이다. 국가에서 펼치는 대출 혜택이나 지원금 혜택에 해당하는 청년의 나이도 대부분 서른아홉까지 올랐다.

의술의 발전과 화장품의 대중화로 인해 사십이 된 사람들도 피부가 꽤나 탱탱하다. 돈만 있다면 피부과에서 주사도 맞을 수 있고, 저렴해진 각종 영양 크림으로 피부 탄력을 쉽게 잃지 않는다.

　불혹이 되기까지, 혹은 불혹이 된 이후에도, 나는 잘못된 판단을 하여 내 인생을 수렁으로 몰아간 경험을 했다. 뭔가를 해보려다 실패한 경험이 성공한 경험보다 더 많다. 삶을 야구 경기처럼 승패로 기록해본다면 승리보다는 패배가 훨씬 많을 것이다. 내적인 고민이 깊지 못해서, 본인의 삶에 좀 더 최선을 다하지 못해서, 유혹에 쉽게 빠져서, 마음 깊은 곳의 악한 면모가 일을 그르치게 만들어서, 무엇이 옳고 그른지 판단할 능력이 부족해서, 나는 수많은 실패를 경험했다. 미혹되지 않기는커녕, 쉬워 보이고 자극적인 것에 휘둘리기도 했다. 그래서 연패를 거듭했고, 내 삶에서 성공의 데이터가 좀처럼 쌓이지 못했다. 그렇다고 내가 지금 10연패라도 한 프로야구 팀처럼 실의에 빠지거나 머리를 빡빡 밀기라도 해야 할까? 아니다. 나는 더 열심히 살아서 역전승을 노려야 한다.

승리의 숫자는 오히려 겸손하다

　스타크래프트 1을 플레이하는 프로게이머들을 좋아했던 시절이 있었다. 고등학교 졸업 전부터 시작해 20대의 대부분을 스타 1 문화와 함께 보냈다고 해도 과언이 아니다. 우스갯소리로 '스타는 한국의 민속놀이다'라고 말할 정도였으니, 내 또래 청년들을 관통한 게임 문화의 저력 또한 대단했다. 스타 1은 대중적으로도, 산업적으로도, 사회적으로도 커다란 자취를 남긴 게임이다. 인터넷을 연결해 실시간 1:1 전략 게임을 하는 문화 자체를 스타 1이 만들었다고 할 수 있다. 요즘 젊은 사람들끼리 쓰는 속어 중에서 '버로우 탔다', '어택땅' 같은 단어들이 모두 스타 1에서 시작된 것이다.

어쨌거나, 내가 지금 말하려는 것은 테란의 황제 임요환 선수의 승패 기록, 즉 승률이다. 임요환 선수는 '황제'라는 별명을 가진 것처럼 스타 1에서 가장 중요한 존재이다. 그의 기록 자체가 스타 1의 역사이자 프로게임의 산실이나 다름없다. 그렇게 위대한 임요환 선수의 승패 기록을 찾아보니 603승 430패에 달했다. 황제의 기록이 약 58.4%라니 믿을 수 있겠는가. 하지만 아무리 스타를 잘하는 신급 선수도 60퍼센트의 승률을 기록하기는 힘들다.

프로야구에서 한국시리즈로 직행하는 팀의 성적은 대체로 60~65%의 승률을 보인다. 즉, 세 번 경기하면 한 번은 꼭 진다는 이야기다. 그 정도를 해도 1위를 간신히 할까 말까 한다. 10개 구단이 이를 악물고 치열한 경쟁을 펼치는데, 70~80퍼센트의 승률은 불가능에 가깝다. 그해 야구를 가장 잘하는 팀도 세 번 싸우면 한 번은 꼭 진다니, 인생을 성공으로 이끄는 것이 쉬울 리가 없다.

나는 취미로 7년 정도 복싱을 했는데, 가장 기억에 남는 것이 스파링이다. 좋든 싫든 코치가 가끔 스파링을 시켰는데, 정말 죽을 정도로 힘들었다. 3분 1라운드, 30초 휴식 후 다시 2라운드. 보통 이렇게 3라운드까지 스파링을 했는데, 사람 한 명을 때려서 이기는 것이 이토록 어려운 일이라는 것을 처음 알았다. 영화의 한 장면처럼 주먹을 꽉 쥐고 상대에게 훅을 날리면 한 방에 케이오를 시킬 것 같았지만, 케이오는커녕 내가 먼저 지쳐서 주저앉지만 않아도 다행이었다. 몸에서 힘이 빠지면 그대로 맞아 쓰러질 수 있기에, 머뭇대지 않고 경기에 임하는 것만으로도 엄청난 에너지가 필요했다.

 복싱을 하면서 가장 크게 배운 것이 겸손이었다. 그리고 지고 이김이 중요한 것이 아니라, 나 자신이나마 이길 수 있다면 그것이 진정한 승리라는 것 또한 배울 수 있었다. 자기 자신과의 싸움이라고 하는 상투적인 이 말이, 나만의 오롯한 금언으로 다가오는 순간이었다. 수백 명의 적은커녕 나 한 명을 이기는 것조차 어렵다는 것이 7년간의 취미 복싱에서 얻은 깨달음이다.

 실의에 빠진 지인에게 위와 같은 이야기를 해준 적이 있다. 일이 잘 안 풀리고 하는 일마다 실패하는 그 느낌을 나도 잘 알기 때문이다. 실의에 빠지게 되면 자신감을 잃어서 될 일도 더 안 된다. 지면 자꾸 더 지게 된다.

 토론토 대학 심리학과 교수 조던 피터슨의 『12가지 인생의 법칙』에 나오는 첫 번째 법칙이 '어깨를 펴고 똑바로 서라'이다. 성공적인 경험을 할수록 우리 몸에서 세로토닌이 분비되어 자신감이 더 증가한다. 반대로 실패는 세로토닌 수치를 떨어뜨려 불안과 우울을 유발한다.

 피터슨의 주장과 같이, 나는 실의에 빠진 사람에게 이렇게 이야기한다. "프로게이머 임요환의 통산 전적이 얼마나 되는지 아세요? 603승 430패예요. 테란의 황제이자 스타 1 역사의 산실인 선수도 승률 60%를 넘지 못하는 거예요. 제 인생을 뒤돌아보면 저는 한

3승 20패는 한 것 같은데요. 이 정도면 KBO리그에서는 꼴지일 겁니다. 제 목표는요, 앞으로 계속 승리를 쌓다가 와일드카드 결정전에라도 나가서 언더도그로서 한 팀 한 팀 격파하며 한국시리즈까지 가보는 겁니다. 많이 졌지만, 인생의 리그는 아직 한참이나 남았잖아요. 지금 크게 졌다고 리그를 이탈할 건가요? 아니면 다시 배트를 들고 나가 스윙 연습부터 할 건가요? 사십 줄에 접어들었지만 포기할 때가 절대 아닙니다. 욕은 좀 나오겠지만, 무너진 담장부터 일단 걷어내고 다시 벽돌을 쌓아보자고요. 그게 우리에게 남은 시간 동안 해야 할 일이라고 생각해요."

진짜로 망해본 사람이 이렇게 넘어지지 않으려고 두 발로 버티며 안간힘을 쓰고 있다. 아트 스포츠 사진이라는 국내에 없는 장르를 개척하며 영역을 확장하는 것을 곁에서 지켜본 사람들은 나의 말이 공허한 소리가 아니라는 것을 안다. 대패를 하고도 일단 버티며 다음 일을 도모하기까지 했다. 물론, 아직 성공하지 못했고 이제 시작일 뿐이지만, 세로토닌은 스스로 촉진할 수 있다. 피터슨의 말처럼 어깨를 펴고 당당히 걸어라. 크게 져도 자신을 위해서 따뜻한 우유를 준비하라. 자신의 실책을 비난하기보다는 잘한 면을 칭찬해주어라. 그리고 실패에서 성공을 배워라. 실패한 이유를 분석해 다음에는 쉽게 지지 않게 만들어라. 이런 단순하면서도 기본적인 말들을 스스로 많이 했기 때문에 무너진 자신감과 용기를 다시 북돋을 수 있게 되었다.

오늘도 이 말을 되뇌었다. '아직 삶이라는 리그는 끝나지 않았다.'

#4

빛과
디렉션

디렉션

내 사진의 방향성

한국에서 보기 드문 '소셜 포토그래퍼'가 되기 위해 방향성을 잡고 있다. 사진은 개인적인 심상을 3:2 프레임 속에 표현하는 작업이 기본이다. 자신이 보고 느낀 것들을 사진 속에 담아서 대중과 교감을 나누는 것이다. 그런데 내가 원하는 사진은 사회적인 주제를 담아서 사람들이 문제점을 인식하고 더 나은 방향으로 개선하고자 하는 촉발점이 되는 것이다. 나의 사상에서 출발하겠지만 사회적인 메시지로 귀결되는 것 말이다.

지금 내가 한창 만들어가고 있는 장애인 스포츠 촬영이 그러하다. 현재 부산시장애인체육협회 등과 함께 공동으로 진행하고 있는 사진 촬영이 아카이빙된 후에는 관공서, 기업과 함께 기부 전시회를 일으킬 생각이다. 전시회에 방문하는 분들의 기부금을 열악한 환경에서 훈련하고 있는 장애인 스포츠 선수들의 훈련 비용으로

후원하는 것이 꿈이다.

〈춤추는 사상〉 프로젝트 역시, 나의 개인적인 관심과 가치관에서 출발한 것이지만, 사회적인 관심으로 확장시키기 위해 시작했다. 지역 소멸의 위기를 맞고 있는 부산 사상구의 산업단지에서 촬영한 예술사진들을 전시해, 한때 부산 산업의 심장이었던 곳의 현재를 대중에게 알리며 지역과 산업을 되살리는 선순환적인 해결책을 마련하는 활동이다. 이번 프로젝트를 시작으로, 소멸 위기의 지역이라면 어디서든 프로젝트를 진행해보고자 한다. 분명 사회적인 자극을 줄 수 있는 힘을 가졌다고 생각하기에 이 꿈을 이루기 위한 조명 사용, 연출력 등을 지속적으로 고민하고 연구하고 있다.

앞선 글들에서 부침 많은 나의 일대기를 간략하게 이야기했다. 궁극적으로 말하고 싶은 것은 '선택'과 '방향성'이었다. 사진을 하면서 '디렉션'이라는 말을 너무 늦게 깨달았는데, 처음 사진에 입문했을 때는 개념조차 잡히지 않은 단어였다. 지금도 세미나에서 디렉션에 대해 언급하는 것을 사람들은 낯설게 여긴다. 사진에서 디렉션이 무엇인지 가르쳐주는 곳이 잘 없기 때문일 것이다.

이 단어가 현재 내 삶과 완전한 동기화를 이루고 있다고 느낀다. 지금 작업하는 사진들이 확고하고 선명한 디렉션을 따르고 있고, 그것에 맞춰진 삶을 살고 있다. 위에서 언급한 소셜 포토그래퍼로 거듭나는 것, 사진이 개인적인 상념에서 벗어나 사회에 메시지를 던지고 사람들에게 자극제가 되어 사회적 흐름을 바꿀 수 있게 만드는 것, 이것이 나의 디렉션이다.

태어나면서부터 피아노 소리를 들으며 자랐던 한 아이가 사회적 가치를 지향하는 사진가가 되기까지, 내 안의 나침반 바늘이 빙빙 돌다가 이제는 비로소 어떤 한 지점을 완벽하게 가리키고 있다. 인생 속에서 그런 방향성을 찾았다는 것이 요즘 나에게는 큰 행복이 아닐 수 없다. 꿈에 그리던 사진들을 촬영하는 매 작업이 재미있고 즐겁다. 피곤하고 고단해도, 힘든 순간까지 전부 좋다고 느낄 정도이다. 이렇게, 내가 좋아하는 카메라 장비들을 들고, 내가 원하는 곳에서, 내가 희망하던 촬영을 한다. 그렇기에 내 몸이 가루가 되어도 좋다. 온몸에 힘이 빠질 정도로 촬영을 해도 좋다. 늦은 밤, 촬영 설계도를 그리느라 머리를 싸매고 잠을 못 자도 좋다. 이 모든 것은 내가 하고 싶었던 일을 하고 있다는 명백한 증거이기 때문이다.

촬영의 연출도 디렉션이다. 영화감독이 배우에게 디렉션을 준다고 할 때도 쓰는 말이다. 예술 작업은 모두 이러한 디렉션이 핵심이다. 사진에서는 3:2 프레임 곳곳에 배치될 다양한 것들이 사진가의 디렉션에 맞게 자리해야 한다.

인생에도 디렉션이 필요하다

◉

내 인생의 발자취를 가끔 돌아본다. 우여곡절 많았던 내 삶은 40여 년의 러닝타임 동안 괜찮은 연출이었을까? 어떤 생각들과 그것에서 기인한 선택들이 내 삶을 풍요롭게 만들었을까? 아니면 스스로 어리석은 선택들을 한 나머지 가혹한 진개를 만들었을까? 어

빛과 디렉션

릴 적에 부모님 말씀 잘 듣고 공부만 열심히 했다면 지금의 내 삶은 완전히 다른 형태가 되었을까? 사진을 시작할 때, 멘토를 찾아 나섰다면 내 작업의 방향은 지금과 달라졌을까? 혹은 인생을 우회하지 않고 확실한 방향을 찾아 지름길로 오게 되었을까? 알 수 없는 일이다.

디렉션의 의미를 잘 알게 된 지금, 나는 내가 앞으로 살아갈 시간과 그 방향성에 대해 더 깊이 생각하게 된다. 큰 틀 안에서 내가 하고 싶은 일들과 전개 과정들을 미리 그려본다. 즐거운 상상이다. 소셜 포토그래퍼로서 사회적 영향력을 만들어내는 것뿐 아니라, 경제적으로 목표하는 것이 어느 정도인지도 그려보며, 노후에는 어떤 개념의 사진 작업을 해나갈지, 그에 따른 건강관리와 운동까지도 생각하고 있다.

이는 모두 실패를 거듭한 결과로 얻은 어떤 깨달음, 그 위에 그린 새로운 디렉션이다. 그 값을 찾기까지 내 인생에 다소 가혹하긴 했으나, 그러한 성찰을 얻은 것이 삶의 귀중한 자산이다. 이런 모든 힘이 팽팽하게 맞물려 있는 인생의 나침반은 이제 흔들리지 않는다.

빛에 대한
신념

처음 빛을 느꼈을 때

사진을 찍기 시작하면서 좋은 점이 많았다. 내가 사는 세상 곳곳에 눈길을 주게 되었다. 매일 바라보던 익숙한 풍경들이 새롭게 보이기 시작했다. 내 주변에 있던 것들이 이렇게 아름다웠구나, 비로소 느낄 수 있었다.

가장 좋은 점은 빛에 대해 알아가기 시작했다는 것이다. 취미로 사진을 찍던 시절부터 지금까지 빛만큼 다채로운 것은 없었다. 사진을 찍기 전에는 빛에 무감각했다. 언제나 빛과 함께 살아왔지만 빛이 무엇이며 어떻게 작동하는지 전혀 인식하지 못했고, 그래도 아무런 문제가 없었다. 그러나 내 인생을 돌아보면 사진을 찍기 전과 후로 삶을 가를 만큼, 빛에 대한 감각이 생긴 것은 기념비적인 전환이었다.

'카메라'라는 빛을 수집하는 상자 중앙에는 CMOS라는 센시가 있다. 우리가 눈으로 볼 수 있는 빛이라면 렌즈 안에 상이 맺히고 반대로 한 번 뒤집어서 센서에 기록한다. 필름 카메라는 필름이 그 역할을 한다. 사진을 찍는 것은 세상의 아름다움을 멋지게 기록하여 간직하는 일이다. 그리고 그 아름다움은 빛이 만들어준다. 빛을 잘 모를 때는 빛이라는 것이 눈을 찌르고 들어와야 빛이구나, 하고 알았지만, 사실 우리 눈에 보이는 모든 것이 빛이다. 이 책의 종이와 잉크가 눈에 보인다면 빛이 어디선가 출발해 종이를 때리고 반사된 뒤 우리 안구와 시신경에 도달한 것이다.

처음에는 이런 것을 전혀 몰랐다가, 사진을 찍다 보니 태양의 조건에 따라서 피사체나 풍경이 각기 달라 보인다는 것을 깨달았다. 이는 모네가 시간의 흐름을 따르는 연작을 그리면서 날씨나 태양의 변화를 살피며 인상적인 화풍을 남긴 것과 비슷했다. 대학 시절 교양 시간에 배웠던 프랑스 인상주의 화가들, 그중에서도 모네의 그림들을 통해 빛에 따라서 어떤 인상을 느낄 수 있는지, 그리고 그 인상 속에 숨겨진 감정들이 어떻게 전달되는지를 훗날 카메라와 사진으로 경험하게 된 것이다. 평생 모네가 캔버스 위에 빛을 그린 것처럼, 사진가들은 빛을 반사시키는 피사체나 풍경을 카메라 안에 담아낸다.

어둠이 존재할 수 있는 이유

C. S. 루이스는 내게 철학적으로나 종교적으로 큰 영향을 미친 작

가이다. 『나니아 연대기』의 작가로도 잘 알려진 그는 기독교 변증론자로서 훌륭한 책들을 냈고, 그중에서도 『순전한 기독교』는 방황하던 20대 청년에게 삶의 목적과 방향을 일깨워주었다. "우리가 어둠을 아는 것은 빛이 있기 때문이다"라는 말은 흔들리던 청춘에게 망가져 보이는 세상과 사회의 모든 것이 어둠으로 물들지 않았다는 가르침을 주었다. 루이스는 선이 존재하기 때문에 악을 인식할 수 있다고 표현하는데, 악은 선의 결핍이라는 고전적인 기독교 사상을 따른다. 어둠이 그 자체로 존재하는 실체가 아니라, 빛의 부재를 의

미한다는 것이다. 만약 빛이 없다면 어둠을 인식할 수 없다. 어둠은 결국 빛 때문에 존재한다.

더 깊이 들어가본다면, 루이스는 절대적인 선의 기준이 '신'이라고 설명하며, 선을 알기에 '악'을 인지할 수 있다고 말한다. 절대적인 선의 기준이 없다면 우리는 무엇이 '나쁘다'고 판단할 수 없다는 논리이다. 악은 선이 왜곡되거나 결핍된 것이며, 선과 동등하게 독립적으로 존재하는 실체가 아니라는 것이다. 이는 빛이 있어야 그림자를 볼 수 있는 것과 같은 말이다. 그림자는 빛이 비치지 않은 부분일 뿐, 빛과 다른 독립적인 존재가 아니다. 그 그림자들, 사회생활을 하며 목도한 사회의 어두운 부분들, 비틀린 마음들, 범죄, 정치적 모함, 도덕적인 선을 넘은 욕망 같은 것들은 내가 사는 세상이 악에 가득 찬 곳, 타락할 대로 타락한 더 이상 희망 없는 세계로 보이게 했다. 상대적으로 악의 총량이 더 많아 보이고 선은 더 작아 보이는 것이다. 매일 포털의 일면을 채우는 기사들 속에는 희망적인 이야기들의 비중이 너무 낮고, 날이 갈수록 좋은 일들보다는 나쁜 일들만 더 벌어지는 것 같다. 땅이 기울어 모두가 악한 쪽으로 굴러떨어질 것만 같다.

내 인생 드라마 중 〈브레이킹 배드〉라는 미국 드라마가 있다. 내가 본 작품 중에서 가장 충격적이면서도 눈을 뗄 수 없는 몰입감을 주었다. 이 작품의 주인공인 월터 화이트는 평범한 화학 교사인데, 폐암에 걸리고 치료 비용과 가족의 미래를 생각한 끝에 마약을 제조하게 된다. 제자였던 제시 핑크맨과 고순도의 메스암페타민을 만들고, 이로 인해 얼마나 거대한 악에 빠져들게 되는지 전혀 모른 채 점점 마약왕 '하이젠버그'가 되어간다. 월터는 점점 도덕적 딜레마에 직면하지만, 이것이 얼마나 잘못된 것인지 모른 채 자신의 삶뿐만 아니라 주변 사람들과 지역사회까지 모두 파괴하기에 이른다. 드라마는 이러한 월터의 모습을 담담하면서도 심층적으로 그려낸다. 마치 드라마가 아닌 다큐멘터리를 보는 것 같다.

어렸을 때 이런 고민을 정말 많이 했다. 흔들렸던 집안 환경과 불안한 어린 시절을 보내며 나는 세상이 어떤 방식으로 존재하는지, 나는 어떻게 만들어졌는지, 눈을 뜨고 세상을 바라보면 왜 악이 더 많이 보이는지, 사람들이 행하는 선은 악을 피하기 위한 거짓된 행동인지, 그런 것들 속에서 나는 착하게 살고 싶은데 어떤 것을 추구하며 살아가야 하는지, 내 본질과 생명은 어떤 목적을 위한 것인지와 같은 수많은 의문의 소용돌이에 빠져 있었다. 다소 감성적이었던 나는 스무 살을 갓 넘었을 때부터 이런 질문에 대한 답을 찾기 위해 혼자 여행을 떠나거나 철학 도서들을 읽어나갔고, 내면의 태풍을 잠재우기 위해 종교에 입문하기도 했다. 그런 내게『순전한 기독교』,〈브레이킹 배드〉같은 작품들은 세상을 바라보는 어떤 기준을 세울 수 있도록 이정표 같은 역할을 해주었고, 결국 선을 추구하는 삶을 살아야겠다는 단단한 신념을 만들어주었다.

빛과 선을 향한 여정

◉

시진을 하며 만난 빛은 이러한 내게 더욱 깊은 의미로 다가왔다.

내가 보는 모든 피사체는 빛이 있기에 비로소 드러나는 '선'과 같다. 빛과 그림자, 명과 암으로 나뉘어 보이는 세상은 루이스의 통찰, 즉 "우리가 어둠을 아는 것은 빛이 있기 때문이다"라는 말과 놀랍도록 닮았다. 빛이 없으면 어둠조차 인식할 수 없다는 그의 말처럼, 카메라에 기록되는 모든 것은 빛의 영향 아래 놓여 있다. 이 깨달음은 나를 사진에 더욱 몰입하게 했고, 나아가 선을 추구하며 살아야겠다는 삶의 목적을 제시했다.

그렇기에 카메라 셔터를 누를수록 더 진실하고 선한 것을 탐구하게 된다. 빛을 담으려는 노력 속에서 그림자의 존재를 인지하듯, 선을 추구하는 과정에서 어둠의 의미 또한 깨닫는다. 빛과 어둠이 뗄 수 없는 관계인 것처럼, 선과 악 또한 그러하다. 이것이 내가 사진가로서 빛과 어둠을 담기 위해 끊임없이 노력할 수밖에 없는 이유다.

삶 속에서 선을 추구하는 것은 매우 어려운 일이다. 사람들의 기준과 좌표는 제각각이다. 어떤 사람은 자신의 기준을 조금만 어겨도 '도'를 넘었다고 말한다. 어떤 사람은 허용치가 꽤 여유로워서 자신의 이득을 위해 그 폭을 매우 넓혀놓는다. 그래서 선을 추구하는 것 이전에 그 개념과 기준을 잡는 것부터 어렵게 느껴진다.

나는 종교적인 믿음을 떠나서 한 지점만 바라보기로 했다. '빛' 그 자체로 향하는 것이다. 최선을 다해 순광의 빛을 바라보고 서는 것이다. 할 수 있는 한 매 순간 그 방향을 바라보려 노력한다.

그런 노력은 내가 사진 속의 빛을 찾는 것과 흡사하다. 사진 작업을 할 때 내가 만들어내고자 하는 모든 피사체는 빛이 필요하다.

더 명징한 빛으로 사물의 모습에 대비감을 줄 수 있어야 내가 전달하고자 하는 메시지가 완성된다. 그래시 니는 거의 모든 사진 작업

에 조명을 동원한다. 화가가 물감을 섞어 조색하듯이, 나의 생각을 한 장의 사진으로 표현하기 위해 빛을 만들어서 피사체를 비춘다. 빛이 적어 밋밋한 대비감을 준다면 그 피사체는 주제적인 힘이 현저히 감소한다. 그 말은 사진가가 말하고자 하는 의미나 스토리텔링이 보는 사람들에게 전달되기 어렵다는 이야기다. 나는 빛에 대한 명징한 추구가 있다. 뭐든지 명료해야만 직성이 풀린다. 보기 애매하여 사람들이 어떤 의도인지 파악하기 어려운 사진은 추구하지 않는다. 그래서 조명을 많이 활용하여 촬영하는 것이다. 이것이 나의 빛과 선의 순환이다. 선을 추구하는 나의 생각과 메시지를 전달하기 위해 빛이 필요하고, 빛을 주어 피사체를 더욱 명징하게 만들어 선을 추구하는 생각을 갈무리 짓는다.

글을 쓰고 보니 다소 과장되게 느껴지기도 한다. 선을 추구하지만 선하게만 살아오진 못했다. 사진 실력도 아직은 미약하기에 연구해야 할 것들이 많고 나만의 독창적인 스타일을 완성하기 위한 길도 갈 길이 멀다. 하지만 자기비판에 오랜 시간을 쓰기보다는 절대적인 방향 자체를 잘 잡고 묵묵히, 하지만 빠르게 걸어갈 것이다. 스스로 선에 대한 평가에 몰두하기보다는 더욱 가벼운 마음으로 빛 그 자체를 바라볼 것이다. 이것이 빛이 내게 준 신념이자 앞으로 살아갈 삶의 방향이다.

장애인 스포츠 촬영,
제가 시작하겠습니다

내게 길을 보여준 '룰루레몬' 광고

지하 스튜디오의 음침한 모니터 앞에서 스튜디오 사업이 기울어 가는 것을 느끼던 시기, 여러 스포츠웨어 브랜드의 홈페이지를 돌아다니며 대기업들이 어떤 사진을 쓰는지 찾아보았다. 그때 발견한 기능성 스포츠웨어 브랜드인 룰루레몬의 사진에서 눈을 뗄 수 없었다. 그들은 장애인들을 모델로 내세워 의족을 착용한 사람들이 자연스러운 핏으로 룰루레몬의 상·하의를 입고 있는 사진들을 보여주었다. 사진 속에서 룰루레몬의 평등에 대한 철학이 느껴졌다.

그때부터 장애인 선수들의 사진 레퍼런스를 찾아보기 시작했다. 우리가 감히 상상할 수 없는 정신력으로 해내는 운동 능력을 그들에게서 발견했다. 스포츠 사진의 본질이 단순히 신체를 담는 것을 넘어 보이지 않는 위대한 정신을 느끼게 하는 데에 있다고 생각한 다면, 이들에게서 보이는 불굴의 의지를 사진으로 예술화할 수 있

을 것 같았다. 이들의 존재뿐 아니라 열악한 훈련 상황까지 세상에 알리는 계기로 삼을 수 있겠다고 생각했다.

그해에 장애인 선수들의 대회가 열리는 곳을 찾았다. 두어 달 후 전국장애인체육대회가 전라남도 목포에서 열리는 것을 알고 대한장애인체육회에 연락했다. 재능 기부로 촬영을 하고 선수들을 널리 알리는 데에 사진을 쓰겠다고 했다. 허가가 쉬운 것은 아니었다. 선수들의 초상권 등의 문제가 발생할 수 있기 때문이다. 상업적으로 사진을 사용하는 것이 아니라 매년 대회 때마다 장애인 선수들의 실제 모습을 사람들에게 순수하게 알리고 싶은 목적임을 강조했다. 결국 허가가 났고, 기자증을 받아 경기장에 출입할 수 있었다.

전국체전도 비인기 종목이 대부분이다 보니 사람들이 대회가 어디서 열리는지 모르는 경우가 많다. 장애인체육대회는 그보다도 관심이 적다. 4년마다 열리는 올림픽이 끝나면 2주 후 패럴림픽이 시작되는데, 심야 시간까지 올림픽을 보는 사람은 많아도 패럴림픽은 중계가 되는지조차 모르는 사람이 대부분이다. 심지어 패럴림픽이라는 이름조차 장애인 올림픽 정도로만 알고 있지, 그 의미를 정확히 모르는 경우가 허다하다.

◈ 패럴림픽(Paralympics)은 '하반신 마비'를 뜻하는 Paraplegia와 '올림픽'을 합쳐 만든 말이다. '평행'을 뜻하는 영어 단어 Parallel에서 비롯된 의미도 더해졌다. 대부분의 SNS 공간에서 이런 패럴림픽 대회나 선수를 언급하는 일은 잘 없다. 같은 나라, 같은 땅 안에서 열리는 스포츠 축제임에도 마치 먼 땅 어딘가에 따로 존재하는 듯한 외로움이 느껴졌다.

삶의 가치를 느끼고 싶다면 장애인 철인3종경기를 보라

◉

전국장애인체육대회에서 만난 선수들의 최선을 다하는 모습에서 많은 감동을 느꼈다. 카메라 렌즈를 통해 선수들을 바라보고 있었지만, 뷰파인더를 넘어선 감정들이 가슴까지 전달됐다. '올림픽은 영웅을 탄생시키고, 패럴림픽은 영웅이 출전한다'는 말처럼, 출전하는 것만으로도 영웅처럼 보였다. 그들의 훈련 환경과 출전 비용에 대한 문제를 고려해보면, 운동을 할 수 있는 것조차 투쟁처럼 느껴졌다. 그런 배경 속에서도 대회에서 최선의 움직임을 쏟아내는 선수들에게 경의를 표하지 않을 수 없었다. 나는 더 좋은 작가로 성장해 이들의 움직임을 사진에 담아 그 아우라를 더 많은 곳에 알리고 싶다는 소망을 품게 되었다.

작년에도 김해와 경상남도에서 열린 전국장애인체육대회에서 선수들의 사진을 찍고 나만의 방식으로 예술화하는 작업을 독자적으로 진행했다. 선수들과 소통하며 작업한 사진들을 직접 보내주기도 했고, 일정이 허락되는 선수들은 따로 만나서 촬영을 진행하기도 했다.

지난 대회에서 가장 기억에 남는 종목은 철인3종경기였다. 남해에서 열린 대회에서 선수들은 750m 거리의 바다 수영으로 출발했다. 앞이 보이지 않는 시각장애인과 양팔이 없는 신체장애인 선수들이 저 멀리까지 파도와 싸움을 하고 돌아오는 장면은 말로 설명할 수 없는 감동으로 다가왔다. 현장에 함께 있던 동료는 그 장면을 보고 펑펑 울기도 했다.

온전한 신체를 가진 나의 지나온 삶이 얼마나 나약한 의지로 가

득했는지, 깊은 자책감이 밀려왔다. 힘들고 고통스러운 삶의 모든 순간들이 깃털처럼 가볍게 느껴졌다. 그것은 정말이지, 아무것도 아니었다. 앞을 볼 수 없는 선수들과 양팔을 잃은 선수들도 저렇게 바다를 거침없이 헤쳐나가는데, 나는 무엇을 하고 있는가. 앞으로 내가 해야만 하는 것들이 분명해지고 있음을 깨닫는 순간이었다.

이 책을 읽는 독자들 중에서 본인의 삶이 무가치하게 느껴지거나 고통스러워 삶을 이끌기 어렵다면, 이 선수들의 경기를 직접 관람해보라고 권하고 싶다. 스스로 삶의 노를 얼마나 열심히 저어야 할지 깨닫는 계기가 될 것이다. 나 역시 개인적으로 힘들 때면 그날의 바다를 떠올려보면서 마음가짐을 고치곤 한다.

영웅들의 모습을 사진으로 담다

그동안 대한장애인체육회나 국민체육진흥공단, 스포츠ESG 등과 장애인 스포츠 사진 촬영을 진행하고 전시회를 갖자는 계획을 논의했지만 쉽게 진전되지 못했다. 초상권부터 법적인 여러 문제들이 있었다. 한국에서 장애인 선수들이 운동하는 모습을 아트 스포츠 촬영으로 진행하고 전시회를 연 사례가 없었기 때문에 닫힌 빗장은 쉽게 열리지 않았다. 한국 스포츠 콘텐츠의 가치를 높이는 일이 쉬울 리 없다. 관계자들에게는 이런 새로운 시도가 어렵게 느껴질 수 있다.

1988년 서울올림픽에서 패럴림픽이 함께 열리며 장애인 스포츠가 시작되었고, 2004년 아테네 올림픽 이후 장애인도 비장애인과 같은 조건에서 훈련받고 싶다는 목소리가 나오면서 장애인 체육이 보건복지부 산하에서 문화관광부로 이관되었다. 대한장애인체육회가 설립되기까지의 발전 과정을 보면 앞으로 장애인 선수들의 홍보나 콘텐츠도 더욱 발전해 사회적인 평등과 인식의 문제도 점차 나아질 수 있을 것이다. 나의 장애인 스포츠 촬영 사진들이 그 첨병이 되고 싶다.

처음 대회를 방문했던 그때부터 계획했던 일이 있다. 장애인 선수들의 움직임을 예술적으로 촬영하여 전시회를 열고, 전시회에 오는 분들이 내고 싶은 만큼의 입장료를 지불하면 그 금액들을 모아 선수들의 훈련 비용으로 기부하는 것이다. 장애인 스포츠 콘텐츠가 사람들에게 더 많이 도달할수록 선수들에게 비용적인 지원이 되고, 대중들이 선수들의 스포츠 활동을 더 많이 지지할 수 있다고 생각한다. 예쁘고 재미있고 아름답기만 한 SNS 공간에서는 볼 수 없었던 장애인 스포츠의 현실을 보여줄 뿐 아니라, 선수들의 정신력이 사회적인 귀감이 되는 기회가 될 것이다. 그래서 나는 올해도 전국체육대회를 찾아 내가 할 수 있는 재능 기부를 이어갈 계획이다.

지지부진했던 공식 촬영이 드디어 2025년 8월, 첫발을 뗐다. 지인의 소개로 부산장애인체육회의 부회장님을 만나 내가 추구하는 촬영과 기부 전시회에 대해 말씀드렸다. 복지와 평등을 위한 일일 뿐만 아니라, 선수들의 움직임을 예술적으로 그려 많은 사람에게 홍보하는 데도 도움이 될 것이었다. 흔쾌히 부산장애인체육회와 연결되어 공식적으로 촬영 업무를 시작했다. 전국의 다른 체육협회에서는 한 번도 없었던 시도라고 한다. 결과가 어떻게 만들어질지 모르는 일임에도 협회는 도전적으로 함께 진행해주기로 과감히 결정했다.

장애인 선수들의 운동 동작 촬영을 시작했지만 역시 어려운 작업이다. 선수들의 훈련 환경이 공공 체육시설을 하루에 몇 시간 동안만 대여하는 것이기에 충분한 촬영 시간을 확보하는 것이 어렵다. 그래서 촬영 연출이나 사전 조율이 거의 불가능하다. 코치와 선수들이 지금까지 이런 촬영을 해본 적이 없었기 때문에 사전에 연락하고 설명하는 데도 많은 시간이 필요하다. 적극적으로 촬영을 도와주는 분도 있지만, 촬영을 어색하게 생각하는 분도 있다. 장애인 스포츠 안에서 사진이나 영상을 촬영하는 문화가 낯설다는 것을 피부로 느끼고 있다. 하지만 이제부터 바꿔나가야 하는 일이다.

장애인 스포츠 선수들도 멋진 사진과 영상을 가질 자격이 있다. 사진은 예쁘고 잘생긴 사람들, 유명한 스포츠 스타들만 찍는 것이 아니다. 휠체어에 앉은 당신의 모습도 영웅, 그 이상이다. 이 모습을 사진 속에 담아내는 것이 내가 할 일이다. 지금은 짧은 촬영 시간과 사전 조율의 어려움이 있지만, 5년, 10년 후에는 달라져 있을 것이다. 이 모든 것이 바뀔 수 있도록 작은 밀알이 되어보겠다. 이런 어려움은 장애인 스포츠 선수들의 의지와 노력에 비하면 아주 사소한 것일 뿐이다.

그 시작, 제가 한번 해보겠습니다

부산장애인체육회 사무실에서 회의를 하면서 이런 말씀을 드렸다. "제가 꿈꾸는 것은 장애인 선수들의 멋진 모습을 담아서 전시회도 열고, 사람들에게 시각적으로 장애인 스포츠가 얼마나 멋있고 위대한지 알리는 것입니다. 지금까지 협회에서 이러한 시도가

없었지만, 저와 부산협회의 이런 작은 시도가 스포츠 문화와 사회에 큰 바람을 일으킬 수도 있습니다. 그리고 우리는 그 바람의 시작점에 함께 앉아 있는 것입니다. 지금부터 제가 한번 해보겠습니다."

부산에서 장애인 선수들의 촬영이 한창 진행되고 있다. 너무 바쁜 스케줄을 소화하다가 약해진 몸에 감기 바이러스가 침입했지만, 남은 종목들의 촬영을 모두 잘해낼 것이다. 이 촬영물은 공적인 자리에서 계속 소개될 예정이라고 한다. 많은 관계자가 이 사진을 보고 장애인 선수들의 콘텐츠를 만들어 더 많은 대중에게 알리기를 원한다. 시작은 미약하지만, 어떤 거센 바람으로 바뀔지 모른다.

시작이 어려울 뿐이다. 이런 문화가 차츰 퍼지게 된다면 시야 밖이었던 장애인 스포츠에 대한 의식과 관심이 높아질 것이다. 우리는 같은 도시, 같은 동네, 심지어 같은 아파트에 살고 있을지도 모른다. 하지만 마치 외딴섬의 사람들처럼 서로 무관심하게 살아가고 있다. 더불어 스포츠를 즐기는 세상을 꿈꾸는 내 생각이 비현실적인 것이 아니다. 나는 꿈을 꾸면 대체로 하게 된다. 아무도 하지 않지만 누군가는 해야 하는 일, 그것을 향해 나아가는 것이 내 삶의 소임이다. 사회의 여백을 발견하고도 무심하게 지나치는 것은 도리가 아닐 것이다. 내 능력은 이런 일들을 위해 갖춰지고 있다. 이런 일들을 하기 위해 내 사진이 발전하도록 누군가 나를 이끌고 있는 것처럼 느껴지기도 한다.

◉ 문구는 김양희 기자의 책, 『올림픽이 끝나면 패럴림픽이 시작됩니다』에서 인용했습니다.

빛과 춤의 다큐멘터리,
춤추는 사상

부산 북항의 바다 풍경에 이끌리다

2024년 봄, 벚꽃 비가 더 이상 내리지 않을 즈음, 나는 부산으로 이사를 왔다. 삶의 터전을 완전히 새로운 곳으로 옮기기 위해서였다.

인생의 대부분을 서울에서 살았다. 그곳에서 많은 희로애락이 있었지만, 좋은 일보다 좋지 않은 일들이 점점 더 많아졌다. 모든 것을 새롭게 바꾸면 어떨까 고민했다. 새로운 곳에서 새로운 시선을 갖게 되면 저절로 좋은 디렉션이 생길 것 같았다.

목적지를 서울에서 아주 멀리 떨어진 부산으로 결정한 뒤, 하루는 부산의 북항 앞 바다가 보이는 카페에 앉아 정박한 배들과 그 뒤로 넘실거리는 바다를 보았다. 서울 사람에게는 이런 풍경이 이국적으로 보였을까. 적어도 내가 서울에서 살면서 보던 풍경과는 너무나도 달랐다. 부산 북항의 앞바다는 영도 안쪽으로 포개져서 한결 안온한 느낌을 주었다. 한강에서는 느낄 수 없는 분위기였다. 부산

바다를 보고 있자니 삶의 여백이 조금씩 더 넓어지는 기분이 들었다. 기분이 좋지 못한 일이 있거나 스트레스를 받는 일로 마음이 과포화 상태가 되더라도, 푸른 바다가 밀려들어 내면의 여백을 확보해줄 것 같았다.

서울 사람들이 부산으로 이사를 갈 확률보다 부산 사람이 서울이나 수도권으로 이사 갈 확률이 훨씬 높다. 그런 내가 부산으로 방향을 선회한 것은 남들이 똑바로 갈 때 혼자서 거꾸로 가는 것을 좋아하는 성향 때문이다. "부산은 살기는 좋은데, 일이 없어서 문제지." "직장만 확실히 있다면 나도 부산에서 살고 싶은걸." 부산에서 사는 것에 대하여 언급하면 대다수가 이런 반응을 보였다.

하지만 나에게는 어느 정도 확신이 있었다. 부산에서 살아간다면 새롭게 할 수 있는 일들이 무엇인지 추려보았고, 노력하기에 따라서 이곳에서도 삶을 잘 이끌어갈 수 있을 것 같은 자신감이 들었다. 새 술을 새 부대에 담듯이, 환경에 변화를 주자 새로운 기분이 났다. 하고 싶은 일과 할 수 있는 일이 더 잘 떠올랐고 추진력까지 얻었다.

부산의 헤리티지를 보여줄 결심

부산은 심각한 지역 소멸, 인구 소멸의 문제를 안고 있다. 연일 뉴스나 포털 기사에서 부산의 위기를 말한다. 대한민국 인구 2위의 도시지만, 인구 감소로 인하여 곧 인천에 2위 자리를 내줄 것이라고 한다. 감소 속도도 빨라서 광역시 중 최초로 인구 소멸 경고 등이 켜졌다. 실제로 부산의 많은 청년이 취업 시기가 되면 부산을 떠나 수도권으로 향한다. 대부분의 기업이 수도권에 몰려 있기 때문이기도 하지만, 부산의 기업들이 점차 사라지고 있기 때문이기도 하다. 부산에 좋은 일자리만 있으면 남고 싶지만 정말 취직할 만한 마땅한 기업이 보이지 않는다고 말한다. '부산에는 노인과 아파트와 바다만 남았다'라는 슬픈 농담을 듣기도 했다.

내가 본 부산은 헤리티지가 넘쳐났다. 수천 년의 역사를 가진 이 도시에는 부산 시민들의 셀 수 없이 많은 이야기와 감정들이 퇴적층처럼 쌓여 있었다. 그것은 부산만의 개성적인 멋으로 드러난다. 부산에는 부산만의 아름다운 것들도, 오랜 세월을 머금은 역사적인 것들도, 항구를 품은 도시의 서정적인 향기도, 사람들이 추구하는 예술적인 풍미도 가득하다. 하지만 애석하게도 지금은 조금씩 음색과 빛을 잃어가고 있으며, 그 속도는 점점 가속화되고 있다. 약 10년 전 서면역에 북적이던 청년층은 이제 온데간데없다. 이용객은 노년층이 다수이다. 젊은 사람들 중 많은 이들이 이곳을 떠나고 있는 것이다. 이런 현상이 부산 시민으로 막 전입한 외지인 사진가의 눈에 자주 띄었다.

그래서 사진가로서 부산에 정착하면 할 일 중 하나를 정했다. 부산시를 에너제틱하게 만드는 사진 작업을 하자. 부산의 곳곳을 배경으로 현대무용수의 춤사위를 촬영하자. 부산의 평범해 보이는 곳, 의미가 있는 곳들을 색다르게 보이게 하여 처음 보는 것 같은 신선한 공간으로 만들자. 신체적으로 가장 유연한 무용수들의 움직임을 보여줌으로써, 굳은 고정관념은 생각과 행동에 따라 얼마든지 바꿀 수 있다는 것을 보여주자.

망설임 없이 시작한 파일럿 촬영

그런 생각으로 곧장 파일럿 촬영을 시작했다. 한 명의 현대무용가와 함께 부산 중구의 몇몇 장소에서 촬영을 했다. 어떤 결과물들은 꽤 괜찮았다. 완전히 성공적인 결과물들은 아니었지만, 어떤 방식으로 작업을 해야 대중들의 눈에 띄는 사진이 될 것인지 학습할 수 있었다.

작업을 의도대로 확실하게 전개하고 싶었지만, 내가 원하는 장소들은 사진가가 쉽게 촬영할 수 있는 곳이 아니었다. 내가 보여주고 싶은 부산은 광안대교 앞이나 감천문화마을처럼 관광객들이 밀려드는 곳이 아니었다. 누구나 알 법한 관광 명소로서의 부산이 아니라, 부산 시민들이 의존하고 있는 필수적인 곳, 진짜 삶이 있는 곳, 부산의 실존이 펼쳐져 있는 곳, 부산 사람들에게 일상적이면서도 꼭 필요한 장소에서 촬영하고 싶었다.

돼지국밥집, 이용원, 세탁소, 그리고 큰 공장 같은 곳에서 춤을 추는 사진을 찍으면 어떨까? 그런 사진들을 본다면 사람들은 이런 생각부터 들 것이다. '대체 왜 이곳에서 춤을 추고 있을까?' 두 개의 소재가 전혀 어울리지 않는 대비감을 보일 때, 각각의 모습들이 외려 유화 작용과 동화 작용을 일으킨다. 어울리지 않으니까 피사

체의 형태에 더욱 관심을 두게 되고, 어떤 생각으로 작가가 이런 배치를 만들었는지 그 의미를 더 따져보게 된다.

문제는 이 장소들이 사진가 개인이 섭외하기에는 너무나도 어려운 곳이라는 점이었다. 그 벽을 어떻게 넘을 수 있을까. 작업은 현실적인 문제로 멈추었고, 곧 겨울이 다가왔다. 결국 SMDV라는 조명 제조 기업과 함께 이 일을 벌여보기로 했다.

〈춤추는 사상〉의 시작과 끝, 그리고 다시 시작

🌀

나는 거의 모든 작업에 SMDV의 순간광 조명을 사용하고 있다. 사진가에게 조명이 얼마나 중요한지는 아무리 설명해도 부족할 것이다. 사진은 한 컷 안에서 작가만의 의도적인 대비감을 일으키는 것이 핵심이다. 빛을 만들고 그림자를 만드는 것이 사진의 시작이다. 그렇기에 부산 기업인 SMDV를 직접 찾아가 내가 하고 있던 일과 앞으로 할 일을 설명하고 협업을 진행하기로 했다. 그리고 그 겨울, SMDV를 통해 부산 사상구청과 연이 닿았다. SMDV가 사상구에 소재해 있기 때문이었다. 나는 착실히 제안서를 만들었고, 공식적으로 사상구청의 일자리경제과와 프로젝트를 시작하게 됐다.

사상구는 부산의 산업이 몰려 있는 지역이다. 대형 공업단지가 사상구 내의 넓은 면적을 차지하고 있다. 사상산업단지는 부산의 호흡을 담당하는 허파 같은 지역이지만, 2000년대부터는 산업이 고전을 면치 못하고 있다. 빈 공장이 늘어간다는 소식을 유튜브나

뉴스에서 어렵지 않게 들을 수 있었다. 사상구의 산업이 무너진다면 부산은 호흡기를 잃고 소비도시로 전락하는 셈이나 마찬가지였다.

나는 이런 사상구의 산업체들에서 사진 작업을 펼치고, SNS와 전시회를 통해 사상구에 어떤 산업이 있는지 사람들에게 알리는 일을 하기로 했다. 공공기관으로서도, 사진가로서도, 전례가 없었기에 첫 문을 여는 것이 쉽지 않았다. 그리하여 공식적인 첫 작업은 2025년 6월에서야 시작되었다. 무더운 한여름을 통과하며 이어진 촬영으로, 참여한 모든 이들의 땀방울이 고스란히 사진 속으로 녹아들었다.

여름이 끝날 무렵에 공식적인 모든 촬영을 마쳤다. 마지막 촬영은 사상구 안에 있는 오래된 이용원에서 한 명의 무용수가 춤을 추는 장면을 찍었다. 총 7개의 조명이 작은 공간 안에서 사용되었고, 결과는 생각대로 잘 나와주었다. 그리고 이제 〈춤추는 사상〉의 사진집과 전시회를 준비하고 있다. 아무것도 없어 막막했던 무의 지평에 있던 꿈이 어느덧 현실이 되었다. 하나하나 만들어간 그 과정들이 이제는 꿈결처럼 느껴진다.

어떤 창작물에 전례가 없다는 것은 상상력이나 창의력이 없기 때문일 수도 있지만, 생각을 현실로 바꾸는 과정 자체가 버겁기 때문일 수도 있다. 〈춤추는 사상〉 프로젝트가 진행될 수 있었던 것은 묘기에 가까운 일이라는 생각이 든다. 파일럿 촬영을 하면서 학습했던 것을 현실 가능한 프로젝트로 만들기 위해 큰 노력을 기울였다. 일을 진행하고 조율하는 과정과 촬영이 벌어지고 조력자들

을 이끄는 일이며, 허락된 2시간 내에 10여 대의 조명을 설치하고 말도 안 될 것 같은 연출을 구현하여 최소 4컷 이상의 사진을 만드는 것이 조금은 벅차기도 했다. 앞으로 전시라는 커다란 숙제가 남아 있지만, 작업을 마친 것만으로도 우리 팀에게 박수를 쳐주고 싶다.

전시를 잘 개최해 대중들에게 이 환상적인 사진들을 보여주고, 부산과 사상구의 산업에 대해 사람들이 관심을 두는 계기를 만든다면 이 프로젝트는 목적을 이룬 것이다. 그러한 성공을 위해 전시회 전까지 해야 할 일이 산만큼 쌓여 있다. 부산 내의 기업들을 만나러 다닐 것이고, 이 작업과 전시를 대중들에게 알릴 수 있는 방법을 고안할 것이다.

〈춤추는 사상〉은 작가인 나를 떠나 그 자체로 좋은 프로젝트이다. 강원과 남부 지방은 지역 소멸 문제로 진통을 앓고 있다. 나는 앞으로도 이런 지역들의 지자체나 기관과 협업하여 나만의 미학으로 공간을 새롭게 만들고, 에너지를 채워주는 역할을 할 계획이다. 이 작품들에는 앞으로도 개성적이고 독특한 빛과 색이 더해질 것이고, 무용수들의 춤은 늘 신선할 것이다. 에너지가 고갈되는 장소에 새로운 에너지를 불어넣고, 대중의 관심을 힘껏 불러일으킬 것이다.

내가 겁 없이 부산으로 거꾸로 향했듯이, 물구나무를 서듯 세상을 거꾸로 보았듯이, 나의, 아니 우리의 사진과 함께 새로운 방식으로 세상을 보는 사람들이 많아질 것이다. 그 작은 시점을 열어보고 싶다.

빛과 디렉션

사진가라는 직업에
만족하세요?

네, 백프로 만족합니다
◉

　대부분의 사람들은 일을 해서 삶을 연명한다. 그들 중에는 자신의 일을 좋아하는 사람도, 좋아하지 않는 사람도 있을 것이다. 괜찮은 월급을 받더라도 자기 일이 마음에 들지 않을 수 있고, 적은 돈을 벌어도 자기 일에 대한 만족감이 높을 수 있다. 개인의 성향과 직업군이 다양하듯이, 직업 만족도도 천차만별이다.

　누군가 내게 물었다. "작가님은 사진가라는 직업에 만족하세요?" 그런 질문에 나는 늘 명쾌하게 대답한다. "물론입니다. 백프로 만족하고 있어요."

　자신이 하는 일에 만족하고 있다면 어느 정도는 행복한 인생이라고 할 수 있을 것이다. 어떤 수학자는 수학 문제를 푸는 일에 만족하고, 어떤 야구선수는 자신의 평균자책점과 이닝 수에 만족한다. 어떤 자동차 엔지니어는 자신의 손에 맡겨진 자동차가 척척 고

처질 때, 그리고 차를 받는 손님이 안심할 때 기쁨을 느낄 것이다. 재즈 피아니스트는 자신의 솔로 연주에 많은 사람이 박수를 쳐줄 때 자신의 길에 대한 확신을 얻을 것이다. 사진가도 마찬가지다. 자신의 작품이 많은 사람에게 관심받을 때, 또는 촬영을 의뢰한 고객이 흡족해할 때, 사진가가 되길 잘했다는 생각이 든다.

상업사진을 하는 10년 동안 많은 것이 변했다. 기술적으로 잘 찍지 못했어도 돈은 잘 벌었던 시절이 있었고, 배짱만으로 스튜디오를 열었다가 큰코다친 적도 있다. 기술적으로도 뛰어나고 예술적으로도 인정받을 수 있는 사진을 만들기 위해 이를 악물고 연구했다. 다양한 고객들을 만나며 느꼈던 꽤나 복잡한 심경들도 내 직업적 경험 중 하나이다.

나는 지금 내가 타고 있는 배의 키를 붙잡고, 내가 하는 사진과 앞으로 해야 할 사진가로서의 일을 해내기 위해 노력하고 있다. 희망적인 일이다. 나는 발전하고 있기 때문이다. 스스로 같은 자리에 머무를 마음이 조금도 없다. 더 좋은 작품을 만들기를 원한다. 어떤 피사체를 만나더라도 좋은 작품을 만들어야 한다. 평범한 피사체에 색다른 콘트라스트를 부여하는 사진가의 마인드가 있어야 한다. 새로운 사진을 찍기 위한 기술적인 연구와 레퍼런스 조사가 의무적으로 따라붙는다. 그런 것들이 귀찮거나 지루하다고 생각해본 적은 없다. 더 나은 사진을 위해 노력하는 것이 나의 인생, 그 자체이기 때문이다.

나는 늘 성장하고 싶다. 중학생 때는 1년에 10센티미터씩 키가 자랐다. 사진 실력도 1년에 10센티미터 이상 는다면 얼마나 좋을까. 실제로 팬데믹 시절에 열었던 스튜디오가 문을 닫은 후, 와신상담하며 쌓은 내 사진의 키는 지금도 계속 자라고 있다. 어제보다 더 나은 사진을 만들기에, 작품적으로는 역주행한 적이 없다. 내 사진은 내가 살아가는 것과 동일한 방향으로 자라고 있다.

잘하는 것을 더 잘하려는 노력은 성취감으로 이어진다. 피트니스 클럽에서 개인 트레이닝을 받으며 근육이 느는 것, 혹은 러닝을 하며 기록을 단축하는 것과도 비슷하다. 성취감은 행복감으로 이어진다.

나는 내가 늘 시작하는 단계에 있다고 여긴다. 사진을 촬영하고 이미지를 만드는 이 세계는 헤아릴 수 없이 넓은 우주와 같고, 나는 태양계를 벗어나는 보이저 탐사선과 같다. 앞으로 얼마나 더 멋진 것들을 만들 수 있을지에 대한 기대감이 있기에 나는 내 직업을 사랑한다. 꿈꾸는 것들을 하나하나 해나가고, 생각한 사진들이 하나둘씩 만들어지고 있다. 절망으로 시작했지만 조금씩 더 나은 삶을 만들어가고 있는 나에게 스스로 잘하고 있다고 도닥이고 싶다.

비전을 아는 사진가는 행복하다
◉

내가 이렇게 내 직업에 행복을 느끼는 이유를 생각해보았다. 그것은 내가 비전을 가지고 사진을 찍고 있기 때문인 것 같다. 사진가에게 비전이란, 그의 사상과 철학과 지향이 사진 속에 드러나는 것을 의미한다.

사진가는 3:2의 프레임 속에 생각을 집어넣는 일을 한다. 프레임의 비율은 누구에게나 똑같지만, 사진 속에 타인과는 다른 신선함을 불어넣어야 한다. 또한 공감대를 만들 수 있는 보편성을 넣어야 할 수도 있다. 실존하는 현상을 찍되, 그것들이 사진가의 고유한 작업 방식이나 창의적인 요소들로 인해 사람들에게 울림을 줄 수 있어야 한다. 그런 사유들이 결국 사진가의 비전이 된다.

내가 가장 힘들고 어려울 때, 나는 비전을 찾았고, 내가 하고 싶은 언어들을 그려냈다. 그러나 그것은 아직 완전한 것이 아니기에, 완전에 가까운 길을 찾기 위한 먼 여행을 하고 있는 중이다. 어쩌면 그 여행 자체가 사진이기도 하다. 비전은 이렇게 디렉션, 즉 방향성을 가리키게 되었다. 확고한 방향이 있기에 나는 어떤 사진을 해야 할지 분명히 인식한 상태에서 사진을 찍고 있다.

사진가로서 어떤 길로 나아가야 할지 알고 있다는 것만으로도 굉장히 행복한 것이라고 생각한다. 이 글을 읽는 당신의 비전은 무엇인가? 당신의 디렉션은 어느 방향으로 향하고 있는가? 자신이 위치한 위도와 경도를 잘 알고 있는가? 사진 실력에 상관없이, 이런 확신을 품는 것은 사진가의 직업적 만족도를 크게 높여줄 것이라고 생각한다.

이제 내가 내 직업에 백프로 만족하는 이유를 알게 되었을 것이다. 사진가라는 직업에 만족하느냐는 질문에 대한 대답을 추가해본다. "제게 직업과 삶 사이의 괴리는 없습니다. 사진이 제 삶이고 제 삶은 모두 사진으로 가득 차 있습니다."

제 꿈은 인스타그램을
하지 않는 것입니다

사진가의 SNS에 사진보다 영상이 더 많은 이유

대중에게 가장 인기 있는 앱 중 하나를 꼽으라고 한다면 단연 인스타그램을 들 것이다. 틱톡, 유튜브, 페이스북에 이어 4위에 자리하며 사람들의 일상 깊숙이 영향을 미치고 있다. 그런 인스타그램에도 낭만이 숨 쉬던 시절이 있었다.

기억하는가? 초기의 인스타그램, 오직 사진만 올리던 그 순수하고 단순했던 시절을. 내가 한창 세계를 여행하며 셔터를 누르던 시기였다. 프로의 경지에는 미치지 못했지만, 아마추어리즘이 깃든 서툰 감성 덕분에 오히려 많은 '좋아요'를 받았다. 완벽한 사진이 아닌, 적당히 어설픈 기술이 더 많은 이들의 마음을 움직였다. 현실의 직장인이나 학생이 쉽사리 떠날 수 없는 해외 풍경이 담겨 있었기에, 당장 책상을 박차고 공항으로 달려가고 싶은 마음의 동요를 일으켰을 것이다. 그런 낭만은 2010년대 중반까지 이어졌다.

나는 그런 행운을 얻어 인스타그램에서 여행 사진가로 호응을 받았다.

하지만 인스타그램은 이내 변모하기 시작했다. 광고와 수익 창출을 위한 구조가 도입되었다. 사진 중심이던 분위기는 사라지고, 스토리와 릴스 같은 영상 위주의 플랫폼으로 바뀌었다. 2012년 3천만 명 수준이던 이용자는 이제 수십억 명에 육박했다. 사용자의 증가는 브랜드를 위한 비즈니스 모델과 인플루언서에게 유리한 경제 활동의 장을 열었다. 예전의 낭만 넘치던 인스타그램은 피드의 형태를 제외하고는 찾아볼 수 없게 되었다.

이러한 변화는 사진가들에게 가혹한 현실로 다가왔다. 초기의 인스타그램은 사진 위주였기에 실력이 뛰어난 사진가들에게 자연스레 시선이 모였다. 하지만 지금은 상황이 역전되었다. 이제는 사진가들마저 릴스를 만든다. 낭만적인 시절을 기억하며 여전히 사진만 올리는 사진가도 더러 있지만, 알고리즘의 세례를 받기에는 역부족이다. 릴스를 어떻게든 만들어 그 알고리즘의 혜택을 누려야 하는데, 인스타그램은 사진 게시물 위주의 사용자에게는 그다지 관대하지 않다.

나 역시 예외는 아니다. 사진 작업물을 피드에 올리는 대신, 작업하는 과정을 영상으로 촬영해 편집하고 그 안에 결과물을 끼워 넣는 릴스를 만들게 되었다. 이른바 '작업 현장 스케치' 영상이다. 많은 사진가가 이런 방식으로 인스타그램 활동을 이어간다. 때로는 대중의 호기심을 자극하는 '후킹'이 있는 영상이 수십만 회 이상의 조회수를 기록하며 팔로워가 급증하기도 한다.

팔로워 증가는 곧 내 게시물을 지켜보는 이들이 많아진다는 뜻이다. 이는 인스타그램 계정의 상업적 가치가 높아진다는 의미이기도 하다. 언젠가 이것을 경제적 가치로 전환할 수 있다는 가능성을 보여주는 척도인 것이다. 그래서 사람들은 팔로워를 늘리는 데에 열을 올린다. 더 자극적인 영상을 만들고, 아예 사진 대신 알고리즘에 오를 영상만 찍어 올리기도 한다.

이러한 인스타그램 내 트렌드 변화는 종잡을 수 없이 빠르다. 수십억 명이 사용하는 앱이다 보니 새로운 알고리즘이 뜨면 우르르 몰려갔다가도 금세 관심이 식는다. 인스타그램만의 문제는 아니지만, 지난봄 AI를 활용해 모든 사진을 지브리풍으로 변환했던 유행이 단 몇 주 만에 끝나버린 것만 봐도 알 수 있다. 인스타그램을 비롯한 SNS의 유행은 따라잡으려 했을 때는 이미 잔상만 남아 있다.

한 명의 사진가로서 인스타그램을 바라보는 마음이 착잡하다. 초기 인스타그램에서 여행 사진가로서 호응을 얻었고, 지금은 현실 사진가의 '촌철살인 릴스' 시리즈로 인지도를 얻기도 했지만, 늘 그것을 만들기 위해 시간을 소모할 수밖에 없었다. 사진가에게 인스타그램은 포트폴리오 기능을 겸하기 때문에, 내 작업을 홍보하려면 활동을 게을리할 수 없는 노릇이다.

작년 가을이었다. 인스타그램 직원과 일대일 전화 상담을 통해 계정 성장에 대한 조언을 구했다. 그 직원은 주 4회 이상의 릴스를 업로드해야 계정이 성장할 수 있다고 조언했다. 세상에, 일주일에 4개의 게시물이라니. 세상 사람들에게 인정받는 기준이 나의 사진 실력이 아니라 팔로워 숫자나 사용자들의 관심도라는 사실에 단순히 헛웃음으로 넘기기에는 무언가 크게 잘못되었다는 생각이 들었다.

인스타그램이 필요 없는 그날을 꿈꾸며
◉

나는 사람들에게 말한다. 내 꿈이 여러 가지 있는데, 그중 하나가 인스타그램을 하지 않는 것이라고. 그런 말을 하면 사람들은 그 의미를 아는지 모르는지 그저 웃는다. 그러나 나는 진심이다. 지금 인스타그램 활동을 열심히 하는 것은 내 사진 작업이 더 많은 사람에게 인정받기를 원하고, 더 나아가 사회적으로 인정받는 사진가가 되어 기업이나 공공기관과 협업하는 것이 목표이기 때문이다. '이준희 작가가 아니면 이 사진은 안 된다'라고 인정받아 인스타그램이 더 이상 필요 없게 만드는 것이 내 꿈 중에 하나이다.

이렇게 인스타그램 활동을 굳이 열심히 하지 않아도 되는 뛰어난 아티스트들이 어딘가에서 소리 없이 열심히 활동하고 있다는 것을 잘 안다. 나는 그들을 신계(神界)의 예술가들이라고 본다. 오직 실력 하나로 세상을 사로잡는 이들. 나도 인스타그램이라는, 서유기 속 손오공의 머리를 짓누르는 긴고아를 벗어던지고 진정으로 사신에만 몰두할 수 있는 삶을 살아가고 싶다.

디지털 디톡스, 어디까지 해봤을까

◐

정지우 작가의 사회비평 에세이 『인스타그램에는 절망이 없다』를 읽은 적이 있다. 책 제목처럼 인스타그램에는 언제나 밝고 화려한 순간들만 업로드되기 때문에 모두가 성공적이고 행복해 보이도록 포장된다는 것이다. 여행이나 맛집 같은 보여주기식 사진과 영상, 즉 완벽한 순간만을 담은 콘텐츠들이 대부분이기 때문에 현실 청년들이 겪는 실제의 삶, 절망, 좌절, 경제적 불안 같은 부정적인 요소들과는 괴리가 발생한다고 말한다. 이러한 상대적 박탈감은 '상향 평준화된 삶'을 살지 못하는 것에 대한 두려움에서 벗어날 수 없게 만든다. 책 제목 그대로 절망의 순간을 업로드하는 사용자는 거의 없고, 오직 완전한 순간을 만들어 업로드하는 것이 진짜 현실처럼 여겨진다. 그렇기 때문에 '인스타 맛집', '인스타 여행' 등의 '인스타그램을 위한 겉치레 행위'라는 세간의 비판이 따르기도 한다. 진짜가 아닌, 그럴듯해 보이는 가짜로 '좋아요'를 많이 받고 부러움을 사는 것만이 삶의 목적이 된다는 것이다.

'디지털 디톡스'라는 말이 있다. 인스타그램도 그렇게 과감하게 디톡스해도 괜찮은 시대가 올까? 상업 사진가로서 인스타그램을 쉽게 포기할 수는 없다. 목표에 이르기까지 갈 길이 멀다. 어쨌거나 더 많은 인지도가 필요해 나를 알리는 수단 중 하나로 사용하는 것이기에 울며 겨자를 먹는 것이다.

그럼에도 내가 해본 디지털 디톡스 중에서 가장 순도와 밀도가 높았던 것은 쿠바 여행이었다. 요즘 쿠바의 인터넷 환경이 얼마나 개선되었는지 모르겠지만, 팬데믹 시즌 직전까지 가보았던 쿠바에서는 아무 데서나 인터넷이 터지지 않았다. 특정 호텔이나 일부 공원에서만 스마트폰으로 인터넷 연결이 가능했는데, 그나마도 인터넷 카드라는 것을 사서 아이디와 패스워드로 접속을 해야 가능했다. 접속 시간도 한정되어 있어서 인터넷을 열면 바쁘게 카톡과 인스타그램을 확인했던 기억이 떠오른다. 그 말인즉, 그 외의 장소에서는 인터넷을 거의 사용할 수 없다는 뜻이다.

가장 충격적인 장소는 숙소의 침대 위였다. 잠자리에 누워서 스마트폰으로 인터넷을 사용하지 못하고, 그날 찍은 사진이나 훑어보거나 일기를 몇 줄 쓰고 잠들 수밖에 없었다. 잠들기 전에 유튜브 쇼츠를 볼 수 없다니, 한국 사람은 상상도 할 수 없는 일이다. 또 하나의 충격적인 장소는 식당이었다. 음식을 주문한 후 할 수 있는 게 아무것도 없었다. 쿠바에서는 주문한 음식이 나오는 데에 1시간 이상 걸리는 경우도 있었다. 운이 좋아도 20분 이상은 걸렸다. 그렇게 기다리는 동안 카톡도 하고 인스타그램도 해야 하는데 아무것도 안 된다. 또다시 스마트폰에 저장된 여행 사진이나 훑어볼 수밖에 없었다.

그렇게 지내다 보니 어느새 스마트폰은 가방에서 꺼내지도 않게 되었다. '저들은 무슨 대화를 저렇게 유쾌하게 하는 걸까?' '이 식당의 역사는 언제부터일까?' '저 사람들은 어디서 온 관광객일까?' 이런 궁금증들과 함께 맑은 눈으로 식당 풍산과 사람들을 관찰하게 되고, 자연히 생각이라는 것을 하게 되었다.

쿠바의 수도 아바나에서 으뜸가는 명소라고 할 수 있는 말레콘 해변에서도 마찬가지였다. 한국, 아니 인터넷이 잘되는 나라였다면 분명 스마트폰을 켜서 인스타그램 같은 앱에 스토리를 바로 업로드했을 텐데 쿠바에서는 불가능했다. 영상을 찍고 스토리를 올리려면 음악도 고르고 색감도 바꾸는 등 스마트폰에 집중해야 하는데, 이곳에서는 그런 시도조차도 아예 포기하게 만드는 디지털 디톡스를 경험했다. 말레콘 해변에 지는 낙조를 멍하니 바라보게 되거나, 쿠바의 유명 산물인 시가를 뻑뻑 피우게 되고, 여유로운 시간을 보내는 아바나 시민들과 몇십 년도 더 지난 것 같은 클래식한 올드카들을 지긋이 관조하게 되었다.

그때 다짐했다. 한국에 돌아가서도 2호선 사당역부터 홍대입구역까지 스마트폰을 한 번도 안 보고 버텨보자고. 처음 한 번은 성공했다. 하지만 몇 번 그 노선을 타고 다니면서 예전과 같은 디지털 DNA를 가진 한국인으로 바로 회귀하고 말았다.

사진가의 삶을 짓누르는 인스타그램은 서유기 속 손오공의 긴고아와 다르지 않다. 많은 사람에게 인스타그램은 그다지 건강하지 않다. 하지만 사용할 수밖에 없다는 것이 아이러니다. 그 간극이 언제나 피로감을 몰고 온다.

역주행이
특기입니다만

역주행에는 야수의 심장이 필요하다

나는 반대로 하는 것을 좋아한다. 지금의 아트 스포츠라는 장르 역시 아무도 하지 않기에 오히려 호기심을 느끼고 적극적으로 촬영 개발에 나섰다. 물론 아무도 하지 않는 데에는 이유가 있을 것이기에, 공백의 분야에 진출하기까지 큰 용기가 필요했다. 주식이 저점일 때 사야 진정한 고수라고 하던가. 하지만 내가 산 금액이 최저점일지, 아니면 더 깊고 까만 지하실이 남아 있을지, 아무도 모른다. 그래서 흔히들 "야수의 심장이 필요하다"라고 말한다.

내가 꿈꿔온 스포츠 촬영 장르가 한국 정서와 맞지 않을지도 모른다는 걱정은 해본 적이 없다. 아무도 시도하지 않았던 이유를 뛰어넘는 촬영 기술과 예술적 가치를 믿는 것만을 생각하며, 역주행하듯 달려왔다. 그것은 곧 스스로에 대한 믿음이었다. 어쩌면 실패할 수도 있다. 그러나 두려움 때문에 걸음을 멈춘다면, 영원히 같은 자리에 머무를 수밖에 없다.

사진가들 사이에서 암묵적으로 통용되는 개념들이 내게는 추상적으로만 보였다. 예컨대 "사진은 정답이 없다" 같은 말이다. 그러면 나는 이렇게 뒤집어 말한다. "사진은 정답이 없을 수도 있지만, 확실한 오답은 있습니다." 혹은 "사진은 정답이 있습니다."

또 이런 말도 있다. "사진가가 꿈인가? 차근차근 하다 보면 언젠가는 꿈이 이루어질 거야." 나는 이런 격려 대신, 또다시 뒤집힌 말을 전한다. "직업 사진가, 절대 하지 마십시오. 현실은 꿈과 전혀 다릅니다." 그러고는 실질적인 투자금과 투자 시간, 매출과 수익을 따져보며 사진가 지망생들의 꿈을 찌그러뜨리기도 한다. "그래도 우리는 꿈을 위해 살잖아, 한잔해" 같은 낭만을 빼면 아무것도 없는 말들에는 화를 참을 수 없다.

"카메라를 샀는데, 어떻게 공부해야 할까요?"라는 질문에는 흔히들 "그냥 많이 찍어봐. 찍다 보면 늘어"라고 답한다. 나는 그런 무책임한 말, 공허한 언어에 강하게 반발한다. 그래서 인스타그램 릴스를 통해 내 생각을 드러냈고, 많은 이들이 공감하며 관심을 보여주었다.

내가 부산 시민이 된 두 가지 이유

나는 일생을 서울에서 살았다. 태어난 곳이 전주라고는 들었지만, 너무 어릴 때 서울로 왔기에 나의 기억은 서울로부터 시작된다.

서울에서 일생을 산 사람들은 이곳에서의 삶을 당연하게 생각하는 경향이 있다. 나도 그랬다. 부모님도 여기 계시고, 문화예술 분야의 일자리도 다른 지역과는 비교할 수 없이 많다. 해외에 갈 때도 인천공항으로 가야 하는 등 입지적 조건에 의심을 품을 만한 요소가 없다.

그러나 반대로 가면 된다는 믿음으로 나는 부산에 왔다. 부산의 젊은 세대가 수도권으로 향하는 것에 반하는 역주행이었다. 최근 부산은 급격한 청년 인구 유출로 변화가 상권에 공실이 넘쳐난다. 청년 인력을 구하기 어렵다는 기사를 거의 매일 볼 수 있을 정도로 인구 감소 문제가 심각하다. 이렇게 다들 서울로 올라갈 때 나는 과감하게 부산으로 내려가기로 결심했다. 유창한 표준어를 쓰는 내가 서울에서 부산으로 이사를 왔다고 하면 다들 매우 의아해한다. 대체 왜?

부산으로 향한 첫 번째 이유는 서울살이에 대한 반감 때문이었다. 근래의 서울이 사막같이 메말랐다고 느껴졌기 때문이다. 사람 사이의 온정은 없고 지독한 불만이 넘쳐난다. 식당이나 상점에서 무엇인가 하나만 잘못되어도 사람들은 가만히 있지 않는다.

SNL이라는 코미디 프로그램에서 사람들에게 회자되는 영상 중에 빵집에서 계산하는 장면이 있다. 점원이 지난번에는 봉툿값 100원을 안 받고 서비스로 그냥 주었다. 그러다 이번에는 봉툿값 100원을 요구했다. 손님은 화를 내다가 갑자기 울면서 오늘 자신의 하루를 망친 것은 어떻게 책임질 것이냐고 하는, 웃지도 울지도 못할 장면이다. 작은 일에도 자신의 권익에 손상을 입었다고 생각하고 사람과 사람 사이의 관계를 얼어붙게 만드는 행동이 각박한 서울살이를 그대로 보여준다.

서울은 이제 '타운'의 느낌은 없어진 채 어떠한 '구역'으로만 남은 것 같다. 동네 세탁소가 점점 사라지고 부인으로 운영되는 코인 세탁소가 늘어난다. 문방구는 사라지고 다이소는 잘된다. 한 동네에서 오래 버텨왔던 소매점들이 점점 사라지고 프랜차이즈 상점들이 늘어난다. 정을 붙일 만한 따뜻한 공간들은 점점 더 줄어들고 도심의 공기는 숨을 턱 막히게 한다.

서울과 경기도, 인천 인구의 합은 약 2,600만 명이나 된다. 대한민국 인구의 절반이 한 지역에 몰려 있다. 사진가를 비롯해 여타의 분야에서도 실력이 있다 하면 서울이나 수도권에서 활동하는 경우가 많다. 수천만 명의 무한 경쟁이 이 작은 면적 안에서 이루어지니, 모두가 정서적으로 가난해지는 것 같다. 면적은 좁고 사람은 많으니, 누군가를 밟고 올라서지 않으면 우위를 점하기가 어려운 구조다. 정치적, 행정적, 경제적 선택들이 '서울민국'이라는 웃지 못할 단어를 만들고 말았다. 그럼에도 여기서 내가 바꿀 수 있는 것이 한 가지 있었다. 나라도 이곳을 떠나 지방으로 거처를 옮기는 것이다. 모두가 서울로 향할 때 반대로 향하는 야수의 심장을 가져보기로 했다.

부산으로 이주한 두 번째 이유는 서울에서 받은 상처의 기억을 떨치고 마음을 새롭게 하고 싶었기 때문이다. 서울에서 스튜디오 사업에 실패했을 뿐 아니라 동업자의 사기 행각으로 얻은 고통과 트라우마가 매우 컸다. 그래서 남은 삶은 터전을 바꿔 완전히 다른 것들을 시도해보고 싶었다.

　서울 사람이기 때문에 그동안 보지 못했던 것들이 있으리라고 생각했다. 고정된 프레임을 새것으로 바꿔보고 싶었다. 하나의 프레임에 묶여 하지 못했던 새로운 생각들이 필요했다. 사진가는 늘 신선한 변화들이 필요하다. 생각이 곧 결과물이기에 생각이 유동적이지 못하면 창의적인 결과물을 기대하기 힘들다. 여행을 하면서 사진을 찍으면 모든 것을 신선하게 기록할 수 있다. 처음 방문한 도시에서 가장 창의적인 결과물들이 만들어진다. 나는 서울에서 쭉 살았으니 서울을 관습적으로 바라보게 되지만, 서울을 처음 방문한 사진가라면 나보다는 훨씬 새로운 시각으로 사진을 찍게 될 것이다. '새 술은 새 부대에 담으라'는 말처럼, 신선한 아이디어와 창의적인 열정을 새로운 장소에서 시작하는 것은 온당한 일이다.

　서울 사람이 서울을 보는 시각, 서울 사람이 부산을 보는 시각, 부산 사람이 부산을 보는 시각은 각각 다를 것이다. 나는 이곳으로 이사 온 순간부터 지금까지, 이 도시에서 내가 할 수 있는 일들을 끊임없이 고민해왔다. 부산은 내게 낯선 지역이다. 여행자로서 만났던 부산과 시민으로서 정착해 살아가는 부산은 완전히 달랐다. 이곳의 사회적 문제와 예술 콘텐츠의 빈자리는 오히려 사진을 통해 새로운 문화를 펼칠 가능성을 보여주었다.

새로운 시도, 그리고 콘트라스트

◉

특정 피사체나 두 가지 이상의 다른 주제가 부딪히면 그 이질성으로 인해 눈에 더 띄게 된다. 물과 기름처럼, 전혀 어울리지 않는 것들이 함께 놓일 때 오히려 서로를 더 부각하는 반전 효과가 생기는 것이다. 이것이 바로 '낯설게 하기'다.

나의 낯설게 하기는 서울 사람이 부산을 다른 시각으로 바라보는 데서 비롯된다. 이 낯선 시선은 도시의 현상과 피상적인 풍경을 새롭게 바라보고, 사진을 통해 도시를 색다른 철학으로 표현하고자 하는 동력이 되었다.

사진 용어 '콘트라스트'는 명과 암의 분리되는 정도를 뜻하는데, 우리말로는 '대비'라고 한다. 흐린 날은 콘트라스트가 낮아 부드럽게 느껴지고, 맑고 쨍한 날은 명과 암, 라이트와 쉐도우가 명확하게 분리된다. 나는 이러한 명징함을 좋아한다. 서울에서 부산으로 옮겨온 것도 이러한 콘트라스트를 만들기 위해서였다. 내 생각과 사진이 눈에 띄어야 사람들의 호기심을 자극할 수 있고, 이를 통해 사진의 생명력을 더 강하게 할 수 있다. 이 과정은 '높은 인사이트의 알고리즘'처럼 확산을 이끌어낸다. 지금 이 순간에도 나는 사진가로서 유연한 프레임의 전환과 창의적인 시도, 객관적으로 멀리서 바라보기 등으로 부산의 가치를 알리는 작업을 뜨거운 마음으로 전개하고 있다.

서울에는 창의적인 시선을 가지고 활동하는 예술가들이 넘쳐난다. 하지만 부산에는 상대적으로 그 수가 적다. 그래서 나에게

부산은 흰 도화지처럼 무궁무진한 가능성을 지니고 있다. 인구 2,600만 명의 메트로폴리탄이 사람과 자동차, 기업과 빌딩으로 빽빽하다면, 인구 325만 명의 부산은 빛으로 그림을 그릴 여백이 많은 도시이다. 실제로 로케이션 촬영 허가도 훨씬 수월한 편이다. 부산 사람들은 좀 무뚝뚝해 보여도 의미가 통하면 시원하게 받아주고, 때론 발 벗고 나서서 도움을 주기도 한다.

낯선 사람이 갑자기 나타나 눈에 띄는 활동을 하면 그 자체로

주목을 끌 수 있다. 이러한 맥락에서 현재 진행 중인 인구 감소 지역에 대한 캠페인이나 특정 지역의 가치를 알리는 작업은 더욱 시너지를 낼 것으로 보인다. 국내에서 사례가 거의 없는 희소한 영역이라, 시작은 미약하지만 끝은 창대하리라는 믿음으로 이 일을 이어나가고 있다.

'맨땅에 헤딩'이라는 말이 있다. 요즘 내가 하는 일들이 그렇다. 이마가 무척 아프다. 하지만 부딪치지 않으면 아무 일도 일어나지 않는다. 아무도 하지 않는 일, 아무도 향하지 않는 곳으로 연어처럼 거슬러 올라가는 것이야말로 창의성과 용기를 증명하는 길이다. 물론, 기술적인 완성이 뒷받침되는 것 또한 중요하다. 알맹이 없는 행위는 허세일 뿐이다. 생각과 실력과 지혜와 의지로 거센 대세의 물살을 거슬러 나아가면 그것은 진짜가 된다. 나는 그 물살 속의 나를 믿는다.

바람이 불지 않으면
노를 저어라

안 되는 것을 되게 하려면 남다른 승부수가 필요하다

"바람이 불지 않으면 노를 저어라." 윈스턴 처칠이 한 말이다. 조금 더 익숙한 말이 있다. "안 되면 되게 하라." 군대 시절에 들었던 이 말은, 제대를 언제 했는지도 잊어버린 지금도 가끔 머릿속에 떠오른다. 두 말 모두 길이 막히더라도 뜻이 있다면 나아갈 방법이 있다는 의미이다.

나는 어쩌면 한국에서 가장 괴상한 사진가 중 한 명일지도 모른다. 지금 촬영하는 아트 스포츠 장르라든가, 장애인 스포츠 선수 촬영, 그리고 소멸 위기의 지역을 알리기 위한 무용수들과의 촬영은 한국 사진계에서는 아직 본 적이 없는 낯선 시도들이다. 주변 사진가들도 이런 사진은 본 적이 없다고 그 신선함에 대해 칭찬해주기도 한다. 그 덕분에 작업은 늘 어떠한 기쁨으로 이어진다. 아무도 시도하지 않았던 새로운 길을 개척해나가는 데서 오는 만족감은 이 작업을 지속해나가는 동력이 되고 있다. 누구나 생각할 만한 뻔한 사진들 속에서 경쟁하기보다는, 아직 아무도 발자국을 찍지 않은 거친 땅을 경작하며 나만의 사진 세계를 구축하는 것에 승부를 걸었다.

물론 아무도 하지 않는 데는 이유가 있다. 하나는 조명을 다루는 기술 때문이다. 한국에서 조명을 제대로 다루는 사진가는 10명 중 1명도 채 되지 않을 것 같다. 스포츠를 좋아하고, 카메라에 선수의 생생한 모습을 담고자 하는 사진가들이 내 세미나에 와서 조명을 다뤄본 적이 없다고 말하면, 나는 조명부터 공부해야 한다고 조언한다. 선수의 몸은 근육이다. 근육을 바라볼 때 조명 장치 없이 상황광(현재 눈앞에 상황적으로 보이는 미미한 빛)으로만 근육을 바라보면 그 깊이감이 제대로 드러나지 않는다. 값싼 조명 한 대라도 있다면, 조명이 근육을 비추는 순간, 상황광으로는 볼 수 없었던 양감이 세세히 드러나 근육이 더 입체적이고 크게 보인다.

다른 하나는 야외 로케이션 촬영을 다니면서 1인 사진가로서 조명을 운반하거나 설치하는 데에 한계가 있을 수밖에 없기 때문이다. 개인 고객은 일정한 금액 내에서 촬영을 진행해야 하므로 촬영 보조를 두기 어려운 경우가 많다. 조명을 같이 옮기고 세팅해줄 수 있는 사람들이 더해진다면 촬영 금액이 올라가 개인 고객이 부담하기 어려운 가격이 될 수밖에 없다. 대부분의 직업 사진가들이 각개진투를 펼치며 작업하는 경우가 많아 팀 기반의 촬영이 낯선 것 또한 영향이 있다. 사진은 홀로 카메라를 들고 사진을 찍는 개인 활동으로 시작하는 경우가 많기 때문이다.

나는 이를 팀 형태의 촬영으로 만들기 위해 노력했다. 나의 설계에 따라 조명을 설치해주고, 촬영을 하면서 함께 원본을 모니터링하며 촬영의 방향성이나 디테일에 대해 회의할 수 있는 조력자들이 늘 함께 있어서 감사하다. 팀의 조언은 촬영자인 내가 보지 못하는 사각지대를 짚어줄 수 있기에 매우 귀중하다. 내가 모든 것을 다 보고 느낄 수 있으리라고 생각하지 않아야 한다. 팀뿐 아니라 촬영에 임하는 선수나 그의 친구들의 조언도 흘려듣지 말아야 한다. 좋은 사진을 위해서는 작은 소리 하나에도 귀를 기울여야 한다. 중요한 것은 좋은 사진을 찍는 것이기 때문에 메인 촬영자이자 감독인 내 의견만이 옳다고 고집부리지 않아야 한다. 팀으로 누군가와 함께하는 것은 단순히 조명을 세팅해줄 동료들을 데려가는 것이 아니라, 나의 시야 밖에서 객관적인 평가를 해줄 조언자들과 소통하는 것이다.

촬영보다 훨씬 더 어려운 것

이 두 가지 이유뿐만 아니라, 현실적인 어려움이 또 있다. 스포츠 선수를 섭외하거나 장소를 결정하는 일이다. 나도 아직 장소를 섭외하거나 코치님들과 이야기하는 것이 어렵다. 대부분의 사람들이 만난 사진가는 현장에 와서 아무런 장비 없이 큰 카메라와 대포 같은 렌즈를 들고 연사로 촬영하는 모습이었다. 반면에 나는 최소 4대 이상의 조명과 굵직한 스탠드, 반사판, 소프트박스처럼 큰 조

닝 장치들, 촬영 모니터링용 노트북, 사다리, 다양한 액세서리에 롤링백이나 왜건까지 동원할 뿐만 아니라, 적어도 2명 이상의 조력자들과 팀으로 진행하기 때문에 촬영 과정이 단순하지 않다. 촬영 준비 시간만 해도 최소 15분에서 30분이 걸린다.

이렇게 많은 촬영 장비와 팀이 가게 되면 장소에 대한 사용 권한도 필수적으로 허가받아야 한다. 내가 촬영을 위해 차에서 짐을 내려 수레를 끌고 걷는 순간, 보통은 경비원이 다가오기 마련이다. "어떻게 오셨어요?" "사진 촬영 왔습니다." "허가는 받으셨나요?" 이런 대화가 매우 일상적이다. 차 한 대 분량의 장비를 가지고 가기에 사람들의 시선을 한눈에 받는다. 그렇기 때문에 어딘가에서 촬영을 하려면 장소에 대한 허가를 꼭 받아야 한다. 체육 시설이나 학교 시설 등은 이에 대해 상당히 민감할 수밖에 없다. 너무나도 당연한 일이다. 이런 장벽으로 인해 나처럼 촬영하는 사진가가 드문 것이다.

〈춤추는 사상〉 프로젝트를 시작하기 전, 부산의 헤리티지를 무용수들의 춤과 함께 프레임에 담는 작업을 기획할 때도 가장 큰 어려움은 장소를 섭외하는 것이었다. 내가 촬영하고 싶은 장소는 광안대교나 감천문화마을처럼 관광객들에게 잘 알려진 곳이 아닌, 부산 시민들에게 일상적이고 필수적인 곳, 시민들의 삶이 흐르는 곳을 조명하고 싶었다. 돼지국밥집, 세탁소, 이발소 같은 부산의 가장 솔직한 장소들 말이다. 부산 시민들이 실질적으로 이용하는 장소들이 내가 표현하고자 하는 메시지에 가장 부합했다. 나는 그 진실된 공간을 색과 빛으로 채색하고 춤추는 사람들의 유연한 몸동작을 보여주어 고정관념을 유연하고 유쾌하게 바꿀 수 있다는 것을 말하고 싶었다. 돼지국밥집에서도 춤을 출 수 있고, 이발소에서도 점프를 할 수 있다고 말이다.

이런 구상들을 2025년, 〈춤추는 사상〉 프로젝트를 통해 드디어

실현하게 되었다. SNS에서 나의 사진을 보는 사람들은 의아해하거나 신선해했다. 왜 시내버스 안에서 춤을 추는 것일까? 왜 공장에서 이런 촬영을 하는 것일까? 이러한 궁금증을 이끌어내고 사진의 의도와 의미에 대해 생각하게 하고 싶었다.

  하지만 프로젝트를 현실로 만드는 데에는 큰 걸림돌이 있었다. 바로 장소를 섭외하는 일이다. 사진가의 상상과 사유, 작업을 전개해나가는 의지, 성실함과 노력, 모두 중요하다. 하지만 이 장소들이 없다면 이 모든 것들은 아무것도 아닌 것이 된다. 장소의 주인들은 촬영 의도와 공익적인 메시지를 알지 못한다. 사상구의 소상공인 분들을 만나면서 인사하고 설명하고 설득하지만 실패하는 일이 다반사이다. "안녕하세요. 저는 사진작가 이준희라고 합니다. (명함을 건네며) 저는 지금 이러이러한 프로젝트 사진 촬영을 진행하고 있습니다. 사장님께서 운영하시는 이 장소에서 촬영한다면 저희가 이런 목소리를 내는 데 있어서 정말 큰 도움이 될 것입니다. 운영 시간 외에 저희가 와서 한두 시간만 촬영하고 갈 수 있게 허락해주실 수 있을까요? 폐 끼치지 않겠습니다." 그러나 대부분은 거절당한다. 특히 사상구는 고령 인구가 많은 특성상 터전과 삶이 카메라에 담기는 것을 꺼리는 경우가 많다. 그래도 어쩔 수 없는 일이다. '이거 진짜 사상구나 부산을 위해 좋은 일인데, 왜 다 듣지도 않고 거절만 하실까?'라고 생각해서는 안 된다. 사진이 그분들의 삶보다 소중한가? 그렇지 않다. 다른 이들의 삶의 방식을 존중해야 한다 내가 바라보는 세상의 가치로 누군가를 재단하는 것은 좋은 이해 방식이 아니다.

빛과 디렉션

부산에서 로케이션 작업을 설명하고 섭외에 성공할 확률은 프로야구 하위 팀 9번 타자의 타율보다 낮다. 1할이나 2할 정도나 될까. 하지만 그 10타수 1안타가 역전 만루홈런이라면, 촬영에 성공해 한 장의 사진을 보여주는 것으로 누군가가 새롭게 부산을 바라볼 수만 있다면, 아홉 번의 실패는 아무것도 아니다. 그래서 나는 장소를 물색하고 섭외가 될 때까지 최선을 다한다. 말씀을 건네고, 마음을 건넨다. 안 되면 될 때까지 하면 된다.

거듭되는 실패는 오히려 나를 성장시킨다. 나와는 다른 사람들의 삶의 방식과 생각을 이해하고 받아들이게 된다. 사상구 지역과 구민의 삶을 다양한 측면에서 입체적으로 보게 해준다. 내가 사진을 통해 시도해보고 싶은 것들이 어떤 것인지 다양한 목소리들을 덧붙여 꿈꾸게 한다. 그런 입체적인 것들을 나만의 형식으로 표현하고 싶은 소망이 점점 더 간절해진다.

사람들은 내 사진을 보고서 어떻게 이런 장소에서 사진을 찍었는지 궁금해한다. 사람들의 진솔한 삶이 묻어나는 하나의 장소를 얻기까지 이러한 노력이 뒷받침되었기에 가능했다. 어쩌면 사진을 찍는 촬영 행위보다 섭외가 더 중요하고 어려운 일 같다. 섭외만 되었다면 촬영은 성공한 것이나 다름이 없다.

섭외의 어려움이 거듭되었을 때, 돌파구를 찾기 위해 사상구청을 찾았다. 내가 꿈꾸는 촬영과 이를 통해 보여줄 수 있는 사회적인 반향이 어떤 것인지 기획서를 만들어 제시했다. 설득 과정과 히가는 예상보다 긴 시간이 걸렸다. 이것은 카메라와 렌즈만 크로스백에 넣어 갔다가 갑자기 끼내서 촬영하는 단순한 방식이 아니다.

공적인 허가가 필수적이었으며, 사상구 내의 산업체들과 소통하고 촬영 일정을 조율하기 위해 사상구청에서 많은 도움을 주었다.

불가능을 넘어서, 사진가의 상상을 구현하는 일
◉

장소 섭외가 이만큼 어려운데, 거의 비슷한 난이도로 힘든 작업이 있다. 현실상 불가능해 보이는 촬영이나 색다른 개념의 촬영이다. 예를 들면 포토샵을 사용해 피사체의 크기를 미니어처화하여 보여주는 작업은 나에게 "안 되면 되게 하라"는 말을 계속 떠올리게 한다. 사진가의 상상이 실제 현실의 한계에 부딪혀서 안 될 것만 같을 때, 카메라와 렌즈만으로는 구현할 수 없는 이미지를 표현하고 싶을 때, 이를 가능하게 해결하는 것이 진정한 사진가의 능력이라고 생각한다. 예술가에게서 상상력을 빼앗으면 시체나 다름없다. 현실적으로 구현할 수 없다고 상상과 구상을 포기하면 안 된다. 어떻게든 해내야 한다. 촬영 장소를 구하기 힘들고, 무용수도 섭외하기 어렵고, 몇 개나 되는 조명을 들고 가기도 힘들고, 작업 비용을 마련하기 힘들고… 못할 것 같은 이유는 너무나 많다. 그러나 바람이 불지 않더라도 노를 저을 수는 있다. 아홉 번을 실패해도 한 번을 해내면 결국은 성공한 것이다.

많은 사진가가 이러한 상상을 구현하는 문제에 갇혀 있는 것 같다. 자신에게 익숙한 스타일의 틀 안에서만 생각하며, 새로운 이미지 창조에 대한 고민이 없이 미리 상상의 한계를 그어놓는 사진가가 많다. 물론, 상상하는 것들을 현실에서 구현하려면 기술적으로 완숙해져야 한다. 그리고 그 완성된 실력으로 다양한 경험도 쌓아야 한다. 이런 사진 기술 없이 메시지만 전달하려고 하면 사람들이 그 메시지를 읽을 수가 없다. 좋은 메시지와 완전한 기술이 만날 때, 많은 사람에게 나의 언어를 선명하게 전달할 수 있다. 그래서 종종 세미나에서 "문법을 파괴하려면 문법을 알아야 한다"고 말하곤 한다. 사진의 문법을 파괴하는 나의 촬영 경험들은 사진의 문법, 즉 기술적인 부분들을 잘 이해했기 때문에 가능했다. 기존 사진의 틀을 부수는 사진을 만들고 싶다면, 기술을 마스터하라. 문법을 알아야 틀을 깨는 문장을 과감하게 만들 수 있다.

나는 한국에서 가장 괴상한 사진가이자, 독특하고 이색적인 작품 세계를 가진 사진가가 되고 싶다. 상상하는 것을 현실로 만드는 창작 활동을 통해 나의 언어를 세상에 물들이고 싶다. 이런 소망을 한 장의 사진 속에서 보여주는 것, 그것의 시작은 마음의 태도에 있다. 안 되면 될 수 있게 노력하고, 바람이 불지 않을 때는 두 팔을 걷어붙이고 힘차게 노를 젓는 것 말이다.

이 글을 읽고 있는 사진가 지망생이 있다면, 상상의 세계를 포기하지 않기를 바란다. 머릿속의 그림을 현실로 구현하는 데에 있어서 자기 타협이나 미적거림을 보이지 않기를 바란다. 해보지도 않고 안 될 것 같다고 지레 포기하지 않기를 바란다. 사업에 실패하고 사기를 맞으면서 설상에 빠진 시기에도 이트 스포츠 촬영 장르를 꼭 성공시켜보겠다고 절벽 끝에서 수련하며 지금까지 발전한 것도 포기하지 않았기 때문이다.

내가 좋아하는 헤밍웨이의 소설 『노인과 바다』에는 이런 문장이 있다. "인간은 파괴될 수는 있을지언정 패배하지는 않는다." 좌절을 겪더라도 굴복하지 말자. 몇 번의 거절과 실패가 인생 전체의 패배를 의미하지 않는다는 것을 기억하자.

#5

**직업 사진가의
뼈아픈 현실 이야기**

아이돌 덕질에 대한
근거 있는 항변

제가 늦바람이 들었다고요?
◉

나의 유튜브 알고리즘에 상당한 지분을 차지하는 주제가 하나 있다. 바로 아이돌 음악과 영상이다. 이 아재가 웬 아이돌이냐고 묻는다면, 나는 다분히 전략적인 접근이라고 당당히 변명할 수 있다.

20대 시절에는 오히려 아이돌이나 K-POP 문화에 큰 흥미를 느끼지 못했다. 군대에서 처음 접했던 원더걸스는 신선한 충격이었지만, 제대 후 나의 관심사는 음악과 예술 활동, 여행에 있었다. 악기 연주 음악만을 주로 들으며 고상한(?) 청춘을 보냈던 내게 아이돌은 큰 관심사가 아니었다.

그러다 팬데믹 이후로 아이돌의 무대를 멍하니 바라보고 있는 나 자신을 문득 발견하게 되었다. 홀로 술잔을 기울이며 모니터 앞에 슬라임처럼 붙어 앉아 여자 아이돌의 풀 콘서트 무대를 보고 있다니… 부끄러움과 당당함 사이에서 내적 갈등이 일어나지만, 어짰든 무대는 황홀하고 그들은 너무나도 아름답다.

가끔 또래의 사진가들이나 사진 애호가들에게 나의 이러한 덕질을 스스럼없이 고백한다. 나보다 한참 어린 MZ세대들에게 어떤 아이돌을 좋아하는지 묻기도 한다. 그러다가 내가 에스파, 아이브, 트와이스 같은 아이돌들을 즐겨 보고 듣는다고 말하면, 사람들은 고개를 갸웃거리며 "작가님처럼 덩치 크고 투박해 보이는 남자가 어쩌면 저리도 아기자기하고 예쁜 세계관을 좋아할 수 있나요?" 하고 의아해한다.

그러면 나는 이렇게 설명을, 아니 열변을 토한다. "아이돌은 말이야, 대한민국에서 가장 아름답고 멋진 사람들을 모아, 막대한 자본을 투자해 만들어내는 '콘텐츠'야. 현재 대한민국에서 사람들의 관심이 가장 뜨겁게 투영되는 시장이 바로 아이돌과 K-POP이지. 아이돌 그룹이 데뷔하거나 컴백할 때마다 새로운 유행이 돌고 흐름이 바뀌거든. 에스파가 입는 의상부터 메이크업, 액세서리뿐만 아니라, 그것을 담아내는 영상 기법, 사진 기법, 음악 장르까지 시장 전반을 태풍처럼 휩쓸고 지나가는 거야. 콘텐츠가 대중에게 얼마나 파괴적인 힘을 가졌는지 실시간으로 배울 수 있는 현장 그 자체라고. 나는 사진가로서 콘텐츠라는 공통의 범주를 끊임없이 이해해야 하는 직업이거든. 내 장르가 아니더라도 현재 한국에서 가장 뜨거운 흐름을 실시간으로 보고 들어야 해. 지금 한국에서 가장 뜨겁다는 건 세계에서도 주목하고 있는 문화콘텐츠라는 이야기 아니겠어? 사진 하는 사람들이 콘텐츠에 관심이 없으면 어쩌나. 자기 장르가 아니더라도 끊임없이 학습하고 흡수하려고 노력해야 하는 법이지."

관심을 확장하고 창의성의 그릇을 넓혀라

사진가들은 간혹 자신의 좁은 뷰파인더 안에 매몰되는 경향을 보인다. 어떤 비전을 실현하고자 카메라를 들었다면 분명 몰두하여 날카롭게 파고드는 분야가 생길 수밖에 없는데, 이는 장점이면서 동시에 단점이 된다. 단점은 자신이 생각하는 이미지 외에는 도무지 흡수하기가 어려워지는 것이다. 팀원이나 동료의 다른 견해를 받아들이며 사진을 해나가면 보완이 되겠지만, 직업 특성상 개인 활동이 많다 보니 이 또한 쉬운 일이 아니다.

새로운 통찰을 얻으려면 카메라를 잠시 내려놓고 완전히 다른 음식을 먹어볼 필요도 있다. 나는 이러한 활동에 있어 범주가 넓은 편이다. 워낙 세상만사에 관심이 많고, 망가지더라도 이색적인 경험이나 새로운 것들을 두려움 없이 받아들이는 편이다.

내가 좋아하는 사진작가 애니 리버비츠가 이런 말을 했다. "어떠한 상황에서 우리는 그 본질의 10%도 보지 못하고 있다." 정신적이고 정서적인 부분까지 들어가보면 사진가의 뷰파인더로 볼 수 있는 것은 세계 전체의 0.00000001%도 되지 않는다. 그래서 나는 내 작업과는 별개로 사고를 확장하려고 끊임없이 시도한다.

내가 만난 사진가나 수련생 중에서 인상 깊었던 이들이 있다. 바로 위에서 말한 것처럼 유연한 자세를 가진 사람들이다. 하나라도 더 배우려 하고, 새로운 것을 시도하며, 다양한 것을 흡수하는 사람들은 결국 성과를 내게 마련이다. 꼭 아이돌 음악이 아니더라도, 영화, 드라마, 음악, 공연예술 등 다채로운 영역을 거침없이 받아들여 그것을 자신의 근육과 힘으로 확장해내려는 자세는 창의성을 뿜어내는 좋은 바탕이 된다.

만약 상업 사진가로서 개인 고객을 넘어 기업과 일하고 싶다면 더더욱 타 분야의 문화콘텐츠에 관심을 가져야 한다. 기업이 사려는 것은 콘텐츠, 즉 대중이 소비할 문화적 상징이 깃든 작업물이기 때문이다. 이는 자신의 작품이 가진 세계관이 대중이 소비할 수 있는 콘텐츠의 세계와 얼마나 접점을 가지는가에 달려 있다.

카리나와 장원영, 김채원, 카즈하, 사나, 나연…. 그들은 너무나 예쁘다. 바라보는 것만으로도 미소가 떠오르는 아이돌들을 보며 대중문화를 연구 중이라고 한다면 아무도 믿지 않을 것이다. 대한민국에서 가장 집중된 자본의 힘을 느끼고 배우고 싶어서 유튜브에서 아이돌 영상을 클릭하고, 운전하거나 운동할 때 신나는 아이돌 음악을 듣는 것이라고 진심 어린 항변을 해본다. "작가님 늦바람 났나 보네"라는 가벼운 조롱을 듣더라도, 나는 현재 가장 인기 있는 세계와 완전히 동떨어진 길을 걷고 싶지는 않다. 변화하는 모든 것은 언젠가는 만날 수도 있으니 말이다. 이상, 사십 줄 아재가 왜 아이돌을 찾아보는지에 대한 변론을 마치도록 하겠다.

스마트폰 시대,
사진가의 가치

이미지와 좋아요의 홍수에 빠지다

　취미로 사진을 시작했던 2000년대 후반, 인터넷 커뮤니티에서 보았던 사진가들은 범접하기 어려운 신선처럼 느껴졌다. 실제로 1990년대나 2000년대 필름 카메라와 초기 디지털카메라 시절의 사진가들은 희소가치가 높았다. 그때 진정한 사진가라 불리던 이들은 카메라 액정 하나 없이 모든 것을 완성해내는 장인이거나, 히말라야부터 아프리카, 남미 등지의 지구 곳곳을 누비며 다큐멘터리와 스토리텔링을 생생하게 기록하고 보여주던 작가였다. '도대체 어떻게 해야 저렇게 살 수 있을까?' 생각하면서도 결코 닿을 수 없을 것 같은 거리감을 느꼈다.

　당시에는 지금보다 이미지의 총량 자체가 적었다. 스티브 잡스가 아이폰을 세상에 내놓으며 소통의 방식을 완전히 바꾸기 전까지는 말이다. 나는 이전의 아날로그 시대가 여전히 더 좋다. 아날로그 방식의 소통은 사람들을 과열시키지 않으면서도, 적절한 행복의 둘레 안에서 서로를 마주하게 했다. 그러나 지금은 이미지와 영상의 절대량이 너무 많아졌다. 홍수처럼 범람하는 쇼츠 영상들, 그것들을 담은 플랫폼 안에서 끝없는 조회수 경쟁이 벌어지며 콘텐츠의 가치와 희소성은 예전만 못하게 되었다. 사진 역시 마찬가지다. 인스타그램이 등장하고, 스마트폰 안에서 모든 것이 경쟁하는 '좋아요'의 사회에서 사진의 가치에 대한 판단 기준은 이전 시대와는 완전히 달라졌다.

   나도 이렇게 콘텐츠 과잉의 세상 속에서 사진가로 활동하고 있으니, 아쉬움을 토로하지만 그 혜택을 받은 것도 사실이다. 나는 아날로그와 디지털 사이 과도기의 흐름을 탔다. 2015년부터 2018년까지, 프랑스와 이탈리아에서 한창 스냅 촬영을 했을 때, 사람들에게는 사진의 가치와 사진가에 대한 환상이 남아 있었다. 한편 인스타그램은 최전성기를 맞아 사람들의 이미지 소비가 폭발적으로 늘어났다. 덕분에 나는 그 순풍을 타고 여기저기 다니며 사진가로서 호응을 얻을 수 있었다.

아날로그를 딛고 디지털로
◉

   가끔 거장들의 사진집을 펼쳐 보거나, 매거진 등 종이에 인쇄된 사진을 어루만지듯 바라보던 감각이 떠오른다. 희소하기에 더 집중하게 되는 그 느낌은 내가 사진을 처음 접하던 시기의 따뜻한 기억이다. 확실히 그때의 사진들은 지금보다 더 소중하게 느껴졌다. 가끔 전시에서 구입한 도록이나 엽서 몇 장을 내 방 선반에 전리품처럼 갖다 놓는 것만으로도 마음이 훈훈해지던 때였다.

어렸을 때 CD로 음악을 듣던 습관 덕분에 지금도 시디플레이어 하나를 애지중지 소장하고 있다. 가끔 기분이 내키면 디스크를 골라 헤드폰을 쓰고 음악을 들으며 시간을 보낸다. CD는 마지막 트랙이 끝나면 다음 곡이 없다. 앨범 안의 곡 순서도 정해져 있다. 전곡의 마지막 연주가 끝나는 부분쯤에서 다음 곡의 앞머리 도입부가 자연스레 떠오른다. 그리고 그 앨범을 열정적으로 좋아했던 추억의 순간도 덩달아 떠오른다. 나는 상상 속 사각의 합주실에서 연주자들과 함께 앉아 그들 연주의 세세한 음을 헤아려 듣는다. 그러나 지금은 음악 앱의 디지털 셔플이 아티스트의 장르를 과감하게 뛰어넘는다. 쳇 베이커의 나른한 보이스를 듣다가도 마음이 내키면 아이돌 그룹 에스파의 폭발적인 비트로 전환하기가 너무나도 쉽다.

고등학교 졸업 후 처음으로 혼자 떠났던 동해가 떠오른다. 바다가 너무나 아득하고 크게 보였다. 바다의 색깔이 그렇게 짙은 쪽빛을 뿜어내는지 처음 알았다. 막 청년이 된 내게 세상은 그런 바다와도 같았다. 아날로그와 디지털의 과도기에 카메라를 들고 출항하는 기분이 들었다. 조금은 성스럽게 느껴지기도 했다.

그 시절에는 아무리 못 찍은 사진이라도 다 내 자식처럼 소중했다. 남산에서 내려다본 서울, 한강 위로 쏟아지는 레드 와인 같던 노을, 도시 곳곳에서 고층 빌딩을 꺾어보며 찍었던 기록들이 모두 기억난다. 프레임 안에 무언가를 담는 것만으로도 행복했다. 어쩌

면 지금보다 그때 사진을 더 사랑했는지도 모른다. 지금의 내가 사진을 사랑하는 것과는 모양도 질량도 분명히 달랐다.

그때는 사진을 직업으로 삼는 것에 대해 전혀 생각하지 않았다. 접근할 수 없는 거대한 판타지 세계처럼 느껴졌다. 하지만 지금은 세상이 완전히 달라졌다. 카메라를 든 순간 상업사진의 마켓에 진입할 준비가 다 된 것만 같다. 스마트폰의 시대, 사진의 홍수, 인스타그램 제국의 제패로 인해 대중이 느끼는 사진의 가치는 지난 10년간 급속도로 변했다. 한국에서는 스마트폰만으로 촬영하는 사람도 적지 않게 생겨났다. 나 역시 디지털 홍수의 물결을 타고 지금까지 흘러왔다. 세상이 이렇게 발전하지 않았다면 나는 사진가가 되지 않았을지도 모르겠다.

변화한 사진가의 위상과 미래

◉

전통적인 방식의 사진가는 이제 새로 태어나기 어려운 것 같다. 콘텐츠의 개념이 변했고, 희소성이나 가치도 낮아졌기 때문이다. 강의 때마다 말한다. "당신만큼 찍는 사람 정말 많습니다." 실제로 한 도시에서 프로필 사진을 찍어줄 수 있는 기술을 가진 사람이 대대 하나 정도는 족히 될 것이다. 이미지의 가치가 하락하면서 사진가의 일의 무게는 점점 가벼워지고 있다.

예전에는 사진가에게 일을 의뢰하는 것이 어떤 신성한 분께 큰 돈을 들고 가 부탁드리는 듯한 분위기였다. 지금은 조금 더 나은 기술을 가진 사람에게 대리 촬영을 맡기는 느낌이다. 사진가는 의뢰인이 고용한 대리인인 것이다. 예약률이 높은 웨딩 사진가들이 돈은 잘 벌 수 있을지언정, 스마트폰 이전 시절의 신선처럼 존경받는 경우는 드물어졌다.

그렇다 보니 예전부터 사진을 해온 작가들에게는 괴리가 발생한다. 특히나 밀레니엄 시대를 전후하여 사진을 시작했던 세대는 이런 변화가 탐탁하지 않다. "너무 가볍게들 사진을 한다." "너희는 사진의 의미를 잘 모른다." 이런 비판을 종종 듣는다. 나도 그런 지적을 받아본 적이 있다. 대체 어느 정도를 해야 그들의 기준에서 사진을 제대로 하는 것인지 잘 모르겠다. 하지만 이해는 된다. 그 시대의 사진가와 사진 작업, 작품에 대한 가치와 권위는 지금보다 훨씬 무거웠다. 사진의 가치가 낮아진 세태를 받아들이지 못하는 기성세대, 그리고 지금보다 훨씬 풍요롭고 환상적이었던 사진의 세계를 경험하지 못한 젊은 세대들의 가치 판단은 서로 다른 방향을 보고 있다.

과거와 현재는 그랬다. 하지만 미래는 이제 시작이다. 인류의 친구이자 적이 될 수 있는 AI 시대에 사진의 가치는 더 하락할 것이다. 아날로그나 디지털 시대의 향수는 이제 고전이 되어 도서관에서 찾아야 할지도 모른다. 전통적인 가치를 고집하는 직업 사진가는 스스로 진화하거나, 다른 길을 모색해야 할 것이다. 지금도 원본 몇 개만 촬영하면 AI가 필요한 양식에 맞춰 그럴듯한 이미지를 자동으로 생성해준다. 도시의 스튜디오들이 전멸할 수도 있다는 예측이 현실이 되는 것이다.

그러면 사진가라는 직업 또한 사라져버리게 될까? 나는 이 직업이 소멸할 것이라고는 생각하지 않는다. 실제로 한국고용정보원의 박가열 연구위원은 4차 산업혁명 시대에 단순 반복 업무는 자동화로 대체되지만, 인간의 감성과 소통 능력을 활용하는 업무는 살아남을 것이라고 말했다. 화가, 조각가, 사진가, 작가 등 예술 직업군의 직무 대체 확률은 낮다는 것이다.

  온 세상이 AI가 자동으로 생성하는 것들로 둘러싸인 세상이 되면, 인간의 상상력과 창의력으로 만드는 인간다운 예술 작업은 역설적으로 더 높은 평가를 받게 된다. 따라서 사진가들은 자신의 사진이 인간적인 서사와 창의성이 있는지 진지하게 고민해야 한다. 그 가치를 품은 사진은 가벼워진 세상 속에서 오히려 의미 있는 평가를 받을 수 있을 것이다.

사진은
정답이 없다고?

사진에서 오답은 무엇일까

"사진은 정답이 없다"는 말이 있다. 사진을 찍는 사람들에게서 꽤 자주 들을 수 있는 말이다.

상업 사진가로서, 나는 이 말을 좋아하지 않는다. 더 나은 사진을 찍기 위해 노력하는 한 명의 사진가에게 정답이 없다면 추구하는 방향성에 혼란을 겪을 수밖에 없기 때문이다. 나는 확고한 방향을 선택한 사진가이기에 사진에는 정답이 있다고 생각한다.

"예술에는 정답이 없다"고 말한다면 어느 정도 수긍이 간다. 예술의 세계는 너무나 방대해 문학, 철학, 역사뿐 아니라 과학과 기타 학문까지 아우르기 때문이다.

다시 "사진은 정답이 없다"는 말로 돌아가보자. 사진은 자유롭게 하고 싶은 대로 하면 된다, 또는 누군가 비평하더라도 신경 쓰지 않아도 된다는 의미로 해석될 수 있다. 이 말대로라면 사신이라는 장르는 얼마나 편한가. 라이카로 흑백 사진만 찍어도 되고, 핫셀블라드로 1억 화소의 화질을 뽐내도 자신만 만족하면 그만이고, 조명을 공부하지 않아 맑은 날만 골라 촬영하는 사진가라 해도 누구 하나 핀잔줄 수 없다는 말이 된다. 하지만 이는 순전히 개인 취미로 사진을 즐기는 사람들에게만 해당하는 이야기라고 생각한다.

먼저, 사진에는 확실한 '오답'이 있다. 상업 사진가가 맑은 날만 촬영하고 흐리거나 비 오는 날은 촬영하지 못해 예약 건을 미룬다면 그것은 명백한 오답이다. 웨딩 촬영을 하는 사진가가 흔들린 사진을 찍어대거나, 행사 사진가가 주 피사체의 초점을 놓치고 흐릿한 사진을 납품한다면 그것 역시 오답이다. 또한 포트레이트 전문 사진가가 조명의 사용법과 라이트 쉐이퍼의 용도를 알지 못하고 눈으로 보는 정도의 대비감밖에 다룰 줄 모른다면 그것 역시 오답이다.

요약하자면, 기술적인 오류는 명백한 오답이다. 자신의 부족한 공부를 '스타일'이나 '감성적 해석'이라고 말하는 사진가는 오답을 저지르고 있는 것이다. 20년 이상의 경력 사진작가 A가 말했다. "요즘 작업 현장에 가면 제가 다 낯부끄러워지는 순간들이 너무 많아요. 예전에는 정말 기본 훈련을 충실히 한 사람들이 촬영을 했거든요. 그런데 최근에는 너무 미숙한 사진가들 때문에 때로는 제가 더 부끄러워요. 그렇다고 뭐라고 할 수도 없고 말이죠. 단체 사진을 촬영하는데 삼각대는 고사하고, 카메라를 맨손으로 들고 조명도 없이 고감도로 촬영을 하더라고요."

사진 강의를 하며 직업 사진가이지만 기본기와 촬영 방식에 대한 연구가 충분하지 않은 분들을 많이 만났다. 사진 강의에 참여하여 부족한 부분을 채우려는 노력은 바람직하다. 그러나 사진 기술에 대한 연구에 관심 없는 직업 사진가들이 훨씬 더 많다는 것을 잘 알고 있다. 사진 업계 종사자들의 과반수가 오답 또는 오답에 가까운 답안을 써 내려가고 있는 현실이다.

팔리는 사진을 찍는다는 것

상업사진을 하면서 가난함을 명예롭게 생각하는 사진가는 아직까지 본 적이 없다. 경제적 이득을 위해 찍는 사진이라면 '팔리는 사진'을 만들어야 한다. 이것이 상업사진에 있는 확실하고 선명한 '정답'이다.

팔리는 사진은 대중적인 기호 안에 포함되어 있어야 하며, 다분히 실험적이거나 개인의 만족에 가까운 사진들은 공감대가 적어 누군가 그 사진을 사줄 확률이 매우 낮다. 상업 사진가에게 사진은 '제품'의 의미로 생각해야 한다. 사진가들은 제품을 창작하고 매매하는 직업을 가진 사람들인데, 이를 깨닫지 못하는 사진가들이 수두룩하다. 돈을 벌고 싶다면 사진이 팔려야 한다. 그것이 제주에서 웨딩 사진을 찍는 스냅 사진가일 수도 있고, 돌 사진을 찍는 사람일 수도 있으며, 제품 사진을 찍는 사람일 수도 있고, 나처럼 스포츠 사진을 찍는 사람일 수도 있다.

제품은 품질이 좋아야 한다. 오답을 저지르면 안 되는 것이다. 그 제품을 소비하는 사람들은 개인 고객부터 기업과 공공기관까지 넓은 분야에 걸쳐 있다. 사진가들은 자신의 제품을 판매하고자 하는 타깃을 설정해 사진을 만들고 홍보해야 하는데, 이는 소규모 브랜드가 자신의 새로운 제품을 다양한 채널에 홍보하는 것과 크게 다르지 않다.

결론적으로, 상업사진의 세계에서 확고한 정답은 '누군가가 살 만한 가치를 가진 사진을 찍는 것'이다. 그렇기에 "사진은 정답이 없다"는 말이 내게는 허울뿐인 문장으로 들린다.

사진의 다채로운 스펙트럼

취미 사진가는 개인적인 만족을 위해 활동을 하기에 직업 사진가보다는 비교적 자유롭다. 하지만 단순히 자유롭게 촬영할 수 있다는 것만으로 만족할 수 있을까? SNS에 사진을 올리고, 누군가 하트를 눌러주거나 "사진 느낌 너무 좋아요"라는 댓글에 짜릿함을 느낀다면, 이미 개인적인 취미를 넘어 소통의 즐거움에 들어선 것이다.

사진은 메시지를 함축한다. 어떤 사진이 누군가에게 감흥을 주고, 그 감흥이 다시 사진을 찍은 사람에 언어로 되돌아오는 순간 소통이 이루어진다. 소설이나 영화도 마찬가지시만, 사진은 훨씬 간편하고 즉흥적인 방식으로 소통이 가능하다. 누구나 카메라라는 기기에 쉽게 매료되는 이유도 여기에 있다. 즉흥적인 촬영만으로도 타인에게 메시지를 전할 수 있기 때문이다.

하지만 즉흥적인 촬영에 깊은 의미가 스며들기 어렵다. 사진에도 기획과 연출이 깃들어야 작가의 의도가 더 선명해지고 그 속에서 비로소 복합적인 미감이 발생한다. 나는 이것을 와인에 비유하곤 한다. 좋은 와인일수록 맛이 복합적이고 입체적이라는 평가를 받는다. 산미, 탄닌감, 아로마, 여운 등 한 모금의 와인에서 다층적인 감각을 불러온다.

사진도 마찬가지다. 좋은 사진은 하나의 메시지에 머물지 않고, 배경과 피사체의 다양함 속에서도 통일과 반전을 자유롭게 오가며, 보는 이로 하여금 다양한 해석과 사유를 유도한다. 리듬감 있는 구도가 그 해석과 사유의 열쇠가 된다.

결국 즉흥적인 스냅 사진부터 치밀하게 설계된 연출 사진까지 함축된 의미의 깊이와 매력은 매우 다양하다. 수백만 원을 호가하는 빈티지 와인처럼 깊이 있는 사진, 미슐랭 3스타의 음식처럼 창의적인 사진, 저렴하지만 중독성 강한 홍콩 제니쿠키처럼 소박한 즐거움을 주는 사진도 있을 것이다. 각기 다른 매력으로 사람들의 기호를 사로잡을 수 있다면, 그 모든 사진이 정답이라 할 수 있다.

당신만의 정답을 찾으셨나요

○

나는 직업 사진가지만, 사진을 사랑하는 한 사람으로서 단순히 '팔리는 사진'만을 지향하지는 않는다. 상업적인 정답을 찾는 동시

에, 모든 사진의 영역에도 해당하는 '언어적인 사진' 역시 추구한다. 그 속에서 균형을 잡는 것이 내 사진의 정답이다. 기술적으로 잘못된 사진, 의미를 알 수 없는 작가주의에 매몰된 사진, 대중에게 전혀 가닿을 수 없는 사진은 나에게 오답이다.

상업성을 추구하지 않는 취미 사진가라 하더라도 실력을 키워 더 많은 사람에게 다가가고자 한다면, 사진에는 분명한 정답이 있다. 그것은 바로 '언어'이다. 언어를 담기 위해서는 촬영 전부터 메시지를 다듬어야 한다. 중요한 발표 전에 미리 원고를 준비하듯, 사진에도 디렉션과 시나리오가 필요하다. 즉흥을 즐기더라도, 자기가 찍는 사진들의 키워드를 해시태그 형태로 미리 정리해두면 훨씬 명료한 언어가 된다. 예를 들면, #노들섬 #와인빛하늘 #서울여백 #각자의시간 등과 같이 말이다.

카메라를 든다는 것은 이미 무엇인가를 추구하고 있다는 뜻이다. 그러나 많은 이가 자신이 무엇을 말하고 싶은지 잘 모른 채 사진을 찍는다. 그렇게 취미 시절을 수년간 보내다 보면 사진의 목적성은 흐릿해지고, 흔히 말하는 '사태기' 즉, 사진 권태기를 맞아 카메라를 중고 시장에 내놓는 경우가 많다. 정답이 보이지 않으니 사진에 재미가 없어져버리는 것이다.

이렇게 제안하고 싶다. 취미 사진가라면 잠시 카메라를 내려놓고, 자신이 사진으로 무엇을 말하고 싶은지 골똘히 생각해보라. 내면의 목소리에 귀를 기울여보는 것이다. 또한 자신만의 정답을 추구하며 톤 앤 매너를 확립해 세계관을 넓혀가는 훌륭한 사진작가들을 찾아보고 배우는 것도 큰 도움이 될 것이다.

사진은
파인 다이닝처럼

한 그릇 음식이 주는 일용할 행복

내 취미 중 하나는 맛집 탐방이다. 까다로운 미각은 외가의 영향으로 발달한 것 같다. 전라남도 색으로 물든 정성 가득한 밥을 먹으며 자랐다. 잘살지는 못했어도 먹는 것은 늘 남부럽지 않게 잘 먹었다. 커서는 스냅 촬영 등으로 해외 생활을 많이 하면서 경험치가 쌓이자 먹는 것에 대한 관심이 폭발했다. 돈이 없어 국밥 한 그릇이면 행복했던 시절에는 내 혀와 코가 그렇게 발달한 줄 몰랐다.

지금은 음식에 다소 예민하게 구는 편이다. 콜라 하나를 고를 때에도 코카콜라와 펩시콜라를 가려 마신다. 음식의 잡내나 불쾌한 맛도 단번에 알아차린다. 이런 내 예민함에 주위 사람들이 피로를 느낄지도 모른다. 하지만 나는 먹으면서 행복하고 싶다. 사실 운동도 먹어도 살이 안 찌려는 이유가 크다. 먹는 즐거움은 내 삶의 한 축을 이룬다. 그래서 한 끼 식사가 형편없이 맛이 없으면 잠시나마 행복할 수 있는 기회를 박탈당한 기분마저 든다.

파스타의 매력에 빠지다

○

옛날에는 남자들이 대체로 파스타를 좋아하지 않는다고 했으나 요즘은 다르다. 세계 음식을 다양하게 만날 수 있는 식당들이 늘고, 대중매체에서도 파스타 같은 음식들을 자주 선보이기 때문에 남자들도 파스타를 익숙하게 찾는다. 나는 남자들과 만날 때도 파스타를 먹자고 한다. 남자끼리는 국밥이 국룰이라고들 하지만 그 반대로 행동하는 것이 더 재미있다. 파스타는 여자들끼리의 모임 혹은 커플의 식사 코스라는 것은 옛말이다. 어깨 큰 남자들끼리

가서 수다도 떨고 와인 한잔을 곁들여 먹기에도 괜찮은 음식이다.

이런 나도 처음부터 파스타를 즐겨 먹었던 것은 아니다. 이탈리아를 드나들기 전에는 파스타를 별로 좋아하지 않았다. 서양 음식 특유의 느끼함에 거부감이 들었다. 혼자 먹기에도 애매했다. 남자가 무슨 파스타를 먹냐는 지극히 편협한 생각까지 가지고 있었다. 실제로 대학생 시절 점심으로 파스타를 먹었다고 말하면 남자 학우들에게 '느끼한 놈'이라고 놀림까지 당했다.

하지만 이탈리아에서는 파스타가 곧 국밥이자 칼국수 같은 존재였다. 그들 세계에서는 일상 속의 한 끼 식사일 뿐이었다. 싫든 좋든 그런 문화를 받아들여야 했고, 곧 파스타를 더는 낯설게 여기지 않게 되었다. 자꾸 먹다 보니 면의 종류와 소스가 다양하다는 것을 알게 되었다. 라자냐, 리소토, 라비올리 같은 변형된 형태의 파스타도 많았다.

피렌체의 골목 어귀에 있는 한 로컬 레스토랑에서는 파스타 한 접시에 깃든 '정'마저 느낄 수 있었다. 얼마나 맛이 있었으면, 어떤 노신사는 접시를 설거지하듯 싹싹 비우더니 가게를 나가기 전에 셰프에게 악수를 건네기도 했다. 파스타 가격은 겨우 10유로 남짓으로 매우 저렴했다. 그날그날 바뀌는 오늘의 파스타는 가격이 7유로밖에 하지 않았다. 동네 사람들이 일상적으로 먹을 수 있는 정겨운 파스타 가게. 여기도 사람 사는 모습은 비슷하구나 싶었다.

맛있는 음식을 좋아하다 보니 요리도 곧잘 즐기는데, 그 시작도 파스타였다. 〈냉장고를 부탁해〉 시즌 1이 꽤 흥행하고 있던 시기, 요리하는 셰프들의 모습에 동경심이 생겨 직접 파스타를 만들어

보았다. 난이도로 따지자면 라면보다는 어렵고 오징어볶음보다는 쉽다. 면을 7분 30초 동안 삶는다. 마늘을 썰어서 올리브유에 살살 볶는다. 버터를 넣어 풍미를 올리고 버섯이나 새우를 같이 볶는다. 오일, 토마토소스, 크림, 아니면 미리 만들어둔 바질페스토 중에서 무엇을 사용할 것인지를 정해 그날그날 조금씩 다른 형태의 파스타를 만들어본다. 파스타가 완성되면, 미리 뚜껑을 따 놓은 화이트와인 한잔을 곁들여 먹는다. 눈만 감으면 잠깐 이탈리아에 다녀온 것 같은 이국적인 느낌도 든다.

파스타 이후, 요리라는 취미에 꽤 흥미를 느껴 다른 나라 음식도 이것저것 손을 댔다. 일식, 중식, 한식에 태국 음식도 만들어보았다. TV에서 셰프들이 선보이는 멋진 요리들을 따라해보기도 했다. 내 솜씨가 빼어난 것은 아니지만, 나 홀로 혹은 친구들과 즐길 수 있는 정도는 되었다. 그런 경험이 거듭되면서 요리라는 취미에 매력을 느꼈다.

요리도 사진도 '의도'가 중요하다

내가 요리에 특히 흥미를 느낀 이유는, 〈냉장고를 부탁해〉에서 셰프들이 음식을 만드는 과정이 사진과 닮았기 때문이다. 자신만의 개성이나 철학을 담아낸다는 점이 특히 그랬다. 사진가는 프레임 안에 재료들을 배치하고 빛을 주어 콘트라스트를 만드는데, 이는 셰프들이 식재료를 고르고 가열 방식이나 조리법을 선택해 하나의 디쉬로 완성하는 것과 매우 비슷하다.

　이러한 생각에 확신을 준 또 다른 요리 프로그램이 〈흑백요리사〉다. 엄청난 화제를 몰고 온 이 프로그램은 요리사 그룹을 흑수저와 백수저로 나누어 마지막 1인 생존자를 가린다. 2명의 심사위원이 참가자들을 생존시킬 것인지 탈락시킬 것인지 결정하는데, 특히 안성재 셰프의 음식 평이 정말 흥미로웠다. 꽃 장식을 왜 했는지, 어떤 이유로 기교 없이 고기 한 덩이만 구워서 선보였는지, 주제였던 '장'보다 다른 향을 더 강하게 넣은 이유가 무엇인지 등 음식의 의도, 즉 '왜 그렇게 만들었는가'를 중시했다.

　사진도 그렇다. 사진을 찍은 사람에게 "어떤 의도로 이 사진을 만드셨어요?" 혹은 "왜 이 사진을 찍으셨어요?"라고 물었을 때 명쾌하게 답할 수 있는 사진가가 몇이나 될까? 그 말을 뒤집어보면 "저는 이 사진 속에 이런 의도를 주고 싶었습니다" "이 사진을 찍은 이유는 이러이러합니다"와 같은 명징한 생각을 사진 속에 집어넣을 수 있어야 한다는 뜻이 된다.

　사진 한 장에 실린 의미가 다층적이고 입체적이면서도 공감의 영역이 넓고 깊을수록 사진가로서 본질에 다가간 것이라고 생각한다. 음식으로 치면 파인 다이닝쯤 될 것이다. 생각하지 못한 이색적인 식재료들을 조화롭게 혼합하고, 그 각각의 맛이 서로 다르면서도 하나로 합쳐지기도 하는 음식. 하나의 맛이 다른 맛들을 해치지 않으면서 서로의 맛을 배가시키고, 맛의 둘레가 넓어서서 사람들이 해석할 여지가 많은 입체적인 음식. 이런 셰프는 자신의 식당을 찾는 손님들에게 궁극의 맛을 선사하고, 자신의 창의적인 표현법으로 사람들의 혀와 기억과 시간을 행복하게 물들인다.

사진도 이렇게 표현할 수 있을까? 요리가 식재료들에 다양한 조직감을 주거나 여러 재료를 혼합하여 만드는 것이라면, 사진은 피사체에 콘트라스트를 만들고 배경이나 피사체 간의 조화나 반전감을 드러낸다. 이렇게 요리와 사진이 너무나도 닮아 있기에, 나는 이런 요리 프로그램들이 단순한 킬링 타임용 예능이 아니라, 예술의 궁극적인 본질을 배울 수 있는 교재와 같다고 생각한다.

한 사진작가는 수련생들에게 요리를 시켜본다고 했다. 요리를 시켜보면 앞으로 사진을 잘할 것인지 아닌지 보인다고 했다. 어떤 수련생은 음식을 만들 때 소금을 아무거나 집히는 대로 사용해서 대충 먹을 정도로만 요리했다. 그 소금이 히말라야 핑크솔트인지, 맛소금인지, 꽃소금인지, 허브솔트인지 따져보지 않았다. 소금은 종류가 다양해서 음식에 따라 어울리는 소금이 따로 있는데, 그런 것을 섬세하게 따질 줄 모른다는 것이었다. 내가 한창 요리에 관심이 많을 때여서 이 이야기에 크게 공감했다.

사진도 어떤 조명을 사용할 것인지, 자연광을 쓸 것이라면 어떤 장치적 효과로 빛의 의도를 바꿀 수 있을 것인지, 인물은 어떤 동작을 할 것인지, 어떤 소품을 넣을 것인지, 톤 보정은 어떻게 마무리 지을 것인지 등등에 따라서 천차만별로 변하게 된다. 소금에 따라 요리의 맛이 달라지듯이 말이다. 그래서 사진가도 요리든 뭐든 사진 외의 다른 것을 창작해보는 경험이 필요하다. 카메라를 들고 뷰파인더 안에 몰입한 나머지, 프레임 바깥의 세상을 놓치는 사진가가 되면 안 된다. 음악, 미술, 문학, 여행, 요리, 심지어는 운동까지도 모두 사진과 바꿔서 살펴볼 것들이 넘쳐난다.

　음식은 매일 우리의 혀를 자극하고 만족시키며 때로는 실망시킨다. 최고의 맛을 내기 위해서는 최고로 숙련된 셰프의 철학과 디렉션이 담겨야 하는 것처럼, 최고의 사진을 만들기 위해서는 사진가의 통찰력과 생각, 그리고 창작 의도와 이유가 정확하게 담겨야 한다.

　글을 쓰고 보니 살짝 배가 고파진다. 오늘은 팬 위에 어떤 식재료를 담고 어떤 소금을 넣을지 고민해봐야겠다.

간장이라고
다 같은 간장이 아니다

오래 숙성해야 맛과 향이 깊어진다

◉

한식에는 '시간장(時間醬)'이라는 간장이 있다. 수년에서 수십 년 간 숙성시키는 간장이다. 오래 숙성시킬수록 그 맛과 향이 깊어져 부드러우면서도 깊은 감칠맛이 난다. 한식에 아주 조금만 사용해도 재료 본연의 맛을 해치지 않으면서 은은하고 풍부한 맛을 더해준다. 숙성 시간이 100년에 가까운 시간장도 있는데, 기회가 된다면 이런 희귀한 시간장으로 만든 한식을 꼭 먹어보고 싶다.

위스키도 숙성 시간이 중요하다. 같은 위스키라도 오크통에서 8년 간 숙성한 위스키와 15년, 혹은 18년 이상 숙성한 위스키는 값이 몇 배에서 몇 십 배까지 차이가 난다. 스코틀랜드 북부의 해안가에서 대서양으로부터 불어온 해풍을 끊임없이 맞고, 오크통 특유의 나무향과 바닐라향 등을 빨아들이는 증류주들은 시간의 깊이가 곧 맛의 깊이를 뜻한다. 지갑이 허락한다면 조금이라도 더 오랜 숙성 기간을 거친 위스키를 마시고 싶어지는 이유다.

시간장이나 위스키처럼, 예술에도 시간의 깊이와 너비가 존재한다. 음악, 악기 연주, 미술, 건축, 조각, 문학, 주조, 요리, 제빵 등 시간이 흐름에 따라서 다루는 이의 경험치와 철학이 더 넓어지고 깊어지는 것이다. 이런 장인들은 오랜 시간 기술을 갈고 닦으며 예술혼을 자신의 작업에 불어넣는다. 서로 분야는 다르지만, 그 가치와 철학은 닮은 점이 많다. 시인이 시를 쓰는 것이나 사진가가 사진 속에 함축적인 요소를 만드는 것도 닮았다. 파인 다이닝 셰프가 자신만의 색다른 음식을 선보이는 것과 사진가가 신선한 것들과 창의적인 요소를 자신의 프레임 안에 표현하는 것도 비슷하다. 음악가가 자신의 메시지를 화성과 리듬, 멜로디를 사용해 표현하는 것처럼 사진가 역시 사진 속에 구도와 운율을 담아낸다.

카메라를 들고 사진을 찍는 것은 분명히 예술 활동이라고 할 수 있다. 하지만 어떤 사람들은 카메라를 돈만 있으면 살 수 있는 전자기기로 본다. 비싼 카메라를 구입하고 약간의 기술만 배우면 스마트폰으로 사진을 찍는 것보다 훨씬 더 높은 퀄리티의 사진을 만들 수도 있기에 이런 정도의 기술력만으로도 직업 사진가가 되려고 시도한다.

직업 사진가가 되는 것은 자유다. 어떤 기준도 없고 자격도 없다. 순전히 자기 마음이다. 요리를 잠깐 취미로 삼아봤던 나도 파스타를 만들 줄 알고 친구들이 내가 만드는 파스타가 맛있다고 한다. 그럼 나도 이탈리아 요리를 잘한다고 말할 수 있을까? 칭찬에 우쭐해져서 당장 어느 골목 모퉁이에 작은 파스타 식당을 열어도 될까? 나의 요리 실력을 간장에 비유하자면 이제 막 끓여낸 간장이다. 항아리로 옮겨져서 무한 숙성을 거쳐야 한다. 지금은 맛도 향도 갖춰지지 않아 간장이라 부를 수도 없다.

어떤 사람이 유튜브에서 기타 연주자가 멋있어 보였거나 기타리스트의 라이브 연주를 듣고 동경하게 되었다. 그는 곧장 학원으로 달려가 1년 동안 성실하게 기타를 배웠다. 기타 천재가 아니고서야, 이 사람이 직업 기타리스트가 될 수 있을까? 아니면 유튜버로 데뷔해 시청자들에게 기타 연주를 선보일 수 있을까? 1년 동안 기타를 쳤으면 딱 그만큼의 실력으로 사람들에게 비칠 것이므로, 직업으로 기타를 연주하기에는 아직 부족한 실력일 것이다. 만약 취미 생활로 기타 연주를 지속한다면 그것은 인생에 있어서 너무나도 괜찮은 선택일 것이겠지만 말이다.

드럼 스틱을 들었다고 라스 울리히가 될 수는 없다

고교 시절 밴드 활동을 하던 중, 공연을 앞두고서 한 졸업 선배가 찾아왔다. 당시 고2였던 나보다 대략 여덟 살 이상 차이가 났던 것 같다. 지금 생각하면 20대 중후반도 매우 어리게 느껴지지만, 고2가 바라본 20대 중후반의 선배는 이미 모든 것을 통달한 사람처럼 멋지고 우월해 보였다.

우리는 현존 최고의 헤비메탈 밴드인 메탈리카의 대표곡 〈Master of Puppets〉와 그 밴드의 드러머인 라스 울리히의 드러

밍 기술에 대하여 논하고 있었다. 선배는 대뜸 우리에게 이런 말을 했다. "너네, 메탈리카랑 똑같이 카피해서 연주한다고 메탈리카만큼 할 수 있을 거라고 착각하지 마라. 네가 라스 울리히랑 같은 드럼을 정확히 치고 있어도 그거랑 이건 완전히 다른 거야. 네가 그냥 스네어나 하이 햇을 한 번 치는 것도 라스랑은 다른 거야. 똑같이 친다고 똑같은 게 아니라고. 그들이 쉽게 연주하는 것처럼 보이지만, 사실 진짜 어려운 거야. 그건 시간이 필요해. 하루아침에 그런 여유가 생기는 게 아니라고. 그건 자기만의 것이야. 따라 한다고 바로 따라 할 수 있는 것도 아니야."

대체로 이런 말이었다. 25년이 훌쩍 지난 지금도 전설적인 연주자들의 영상을 볼 때면 종종 이 말이 떠오른다. 이들의 연주는 여유로워 보이면서도 근사하다. 음악의 꽁무니를 따라가려고 하지 않고, 음악이 그들을 따라오게 만드는 마법을 부린다.

카메라와 사진도 결코 다르지 않다. 전자제품들을 사고 약간의 사용감을 알게 된 '사용자'들이 사진 시장에 물밀 듯이 쏟아져 들어온다. 적당히 찍어서 돈만 벌면 된다고 생각하는 사람도 있고, 자신이 사진을 잘 찍는다는 착각에 빠진 사람도 있다. 인스타그램에서 소위 말하는 작가병에 감염된 사람도 있다. 실제로 현장에서 다른 그룹들과 협업을 하다가 이런 '사용자'들을 종종 만난다. 내 일을 직접적으로 방해하지만 않는다면 나와 관계없는 일일 수도 있지만, 걱정은 좀 된다. 카메라를 드는 폼만 봐도 안다. 렌즈와 카메라를 조작하는 자세, 신속성, 촬영 시의 스탠스나 멘트만 봐도 어느 정도 실력을 갖추었는지 충분히 예상할 수 있다. 기타 학원 6개

월 차에 기타를 들고 웨딩 행사에 나온 기타리스트, 보컬 레슨 6개월 차에 버스킹을 하는 가수와도 비슷하다.

    이렇게 준비되지 않은 채 시장에 쏟아져 들어오는 로우 레벨 포토그래퍼들에 대한 대중의 비판도 대단히 거세다. 이로 인해 사진 기술과 노동의 값은 땅으로 떨어진다. 아직 간장도 못 되었는데 카메라와 렌즈가 손에 있고 내 감각이면 어떻게든 될 것이라는 생각은 자신의 인생을 위태롭게 할 수도 있다. 나 역시 이런 기조로 사진을 시작했고, 사후 약방문을 내듯 후일에 공부하고 연습하여 지금의 기술력과 개념을 갖게 되었다. 제대로 된 준비 없이 직업의 세계로 들어온 탓에 그 대가도 혹독하게 치렀다. 사진을 직업으로 삼고 10년의 시간을 보냈는데도 이제서야 사진이 약간 보이는 것 같다. 교육과 훈련 없이 업계에 들어오는 '사용자'들은 사진 세계에서 아무것도 안 보이는 상태이며, 그것을 제대로 인지하지 못한다. 누군가가 반론하며 무언가 보인다고 생각한다면 사막의 신기루 같은 것을 본 것이다.

명배우는 등으로도 말한다
◉

    카메라를 들고 촬영하는 자세만 봐도 그 사람의 사진이 느껴진다. 이건 정말 과장이 아니다. 명연기를 펼치는 배우가 등으로도 연기를 하는 것과 비슷하다. 오랫동안 훈련하고 꾸준히 작품을 분석해 연기하는 과정이 나이테처럼 쌓이고 쌓여서 이러한 아우라를 보이는 것이다. 이런 배우의 목소리와 연기는 정말 '시간장'처럼 은은하면서도 깊이가 있다. 과장하여 대사 표현을 하지 않더라도 캐릭터가 묻어난다. 고수들은 온 힘을 다하지 않아도 내공의 가치가 빛난다. 사진가도 경험과 시간을 쌓아 이런 내공을 영혼의 심연까지 스며들게 노력해야 한다. 삶의 모든 곳에 진심과 진정성을 담아야 한다. 사진이 자신의 모든 것이 될 수 있도록 말이다.

그럼에도 현장에서는 여전히 이런 빈말이 떠돈다. "사진은 어려운 거야." "사진은 고달프고 힘들어." "사진은 정답이 없으니 일단 해봐." 경험자들의 현실적이고 정확한 조언이 잘 없다는 것 역시 많이 아쉽다. 나는 정말 현실적인 조언을 해주려고 노력한다. "사진을 직업으로 삼으려면 교육과 훈련이 꼭 필요합니다. 프랜차이즈 카페를 창업해도 몇 주 동안 교육을 받는데, 전문적으로 직업 사진가가 되려고 한다면 수련 과정이 꼭 필요합니다." 그러나 아무리 말해도 묵과하고 넘어가는 사람들이 대부분이다. 그러다 과거의 나처럼 소 잃고 외양간을 고치며 버티거나, 녹록하지 않은 현실 앞에서 중도 하차하고 다른 업으로 전환하는 사람들이 다수다.

카메라를 들고 일을 한다는 것은 기술과 예술의 영역을 모두 다룬다는 뜻이다. 기술과 예술은 시간과 경험이 축적될수록 깊고 은은하며 풍성하다. 나는 직업 사진가로 활동하던 초기에 "저를 작가라고 부르지 마세요"라고 사람들에게 요청했다. '작가'라는 말을 들으면 부끄러웠다. 아직 그럴 자격이 없다고 느꼈기 때문이다. 이 길에 입문하려는 사람이라면 업계의 실력자들에게 충분히 조언을 구하고, 자신을 성숙하게 할 수련의 시간을 가져야 한다. 같은 드럼을 한 번 때리더라도 그 소리가 다르듯이, 명배우가 등만 보이고 서 있어도 감정이 전달되듯이, 사진 역시 오랫동안 자신을 숙성시키는 시간이 필요하다.

하루아침에 이루어지는 것은 없다. 사진은 시간의 기술이자 예술이다. 시간은 한 장의 사진을 담는 순간이기도 하면서, 수천만 장의 프레임을 나이테처럼 쌓는 세월이기도 하다. 단일 프레임도 예술이고, 사진가의 삶 자체도 예술이라는 것을 잊지 말아야 한다.

404
Not Found

그 많던 사진은 어디로 사라졌을까

　사진가로 일한 지 10년이 지났다. 주위를 돌아보니 불과 몇 년 전 유행했던 촬영이 어느새 사라져 있었다. 10년 전 레퍼런스로 참고하려던 인물 사진, 스냅 사진 홈페이지들을 즐겨찾기에서 정리하다가 다시 한번 클릭해보았다. 하얀 인터넷 창에 뜨는 것은 '404 Not Found'라는 허망한 오류 코드뿐이었다. 즐겨찾기로 저장해놓은 수십 개의 스튜디오나 스냅 촬영 회사, 개인 홈페이지들 중에서 아직도 연결되는 곳은 거의 없었다. 이들은 모두 어디로 사라진 것일까?

　세상의 모든 유행이 너무나도 빠르게 바뀐다. 패션, 메이크업, 인테리어, 운동, 음식, 라이프스타일 등 유행의 지배를 받지 않는 것이 없다. 사진 스타일도 그렇다. 한때 퍼스널 컬러를 이용해 증명사진 및 프로필 사진을 찍어주던 스튜디오의 유행을 기억하는가.

2010년대 후반부터 성행했던 보디 프로필 장르도 현재는 잠잠한 상태다. 몇몇 사진 업체가 선도하여 인기를 끌면, 다른 사진가들도 비슷한 것들을 뒤따라 모방하여 유행의 열풍을 만들었다가 인기가 식으면 소멸하는 모습이다. 그 유행의 에너지는 뒤집힌 U자 그래프 모양과 비슷하다. 이런 유행들도 시간이 지나면 클래식의 가치를 가지고 다시 한번 널리 퍼질 수 있을까?

그건 거의 불가능에 가깝다. 클래식이 되려면 깊은 역사와 많은 사람이 추구하는 높은 가치가 깃들어야 한다. 그래야 다시 소비될 수 있는 힘을 얻는다. 그러나 10년간 지켜본 유행 사진들은 대부분 인기를 끌기 시작하면 최대 3년 정도 반향을 일으켰고, 짧으면 1년 안에 사라지기도 했다. 그렇다면 유행하는 사진을 찍는 사진가들은 404 Not Found를 만든 뒤 어디로 이동하는 것일까? 사진 세계 속의 유목민 같다. 이들은 다음 유행을 따라가거나, 급변하는 사람들의 취향을 비난하며 사진 업계에 작별을 고하기도 한다. 내가 알기로는 후자가 훨씬 많다.

유행을 따르지 않기로 결심하다
◉

10년 동안 유행의 흐름을 지켜보며 결심한 것이 한 가지 있다. 유행하는 스타일의 촬영을 하지 않겠다는 것이다. 유행하는 사진은 기술력이 높지 않기 때문에 진입 장벽이 낮다. 쉽게 따라하게 된다. 어렵지 않게 모방할 수 있기에 따라 하는 사진가들이 우후죽

순 늘어난다. 유행하는 사진들은 카메라를 다루는 기본 기술력에 기본적인 조명 설치만 가능하다면 할 수 있는 것들이 많다. 이런 부분에는 저작권이나 특허권 같은 것도 없다. 음악에서 표절은 법적인 문제가 될 수 있지만, 사진 모방으로 법적인 판단을 받는 것은 매우 어렵다. 유행을 따르는 사진들은 대부분 이러하다.

유행하는 사진들은 고객이 원하는 취향만 뽑아낼 수 있으면 된다. 극단적으로 드러나는 예가 바로 '외모 수정'이다. 언젠가부터 사진을 찍으면 본인이 아닌 닮은꼴의 다른 사람을 만드는 것이 기본값이 되었다. 보디 프로필 문화가 한때 사진 시장을 훑고 지나가면서 이는 더욱 가속화되었다. 부모님도 몰라볼 정도로 외모를 재창조하는 보정을 사실 나도 많이 해주었다. 그렇게 해주지 않으면 나쁜 평이 나오기 때문이다. 보디 프로필을 촬영하면서 다른 사람의

복근을 복사해서 붙여준 적도 있다. 말도 안 되는 소리 같지만 그 고객은 그 사진에 만족하는 것 같았다. 사진 기술 자체가 높아져 더 높은 가치의 사진을 만들어내는 것이 아니라, 고객들이 인스타그램에 자랑하는 기능으로서의 사진을 찍는 것이 개인 고객형 촬영 시장의 흐름이 되어버렸다. 상업 사진가가 그것을 거부하면 고리타분한 꼰대 사진가로 스스로를 인증하는 셈이 된다.

한편 훌륭한 기술력을 가진 사진가들은 이런 유행에 휩쓸리지 않고 자신의 자리를 잘 지키는 편이다. 유행에 상관없이 다른 사진가들이 쉽게 따라 하기 어려운 자신만의 사진을 찍는다. 업계에서 자리매김한 포토그래퍼들은 모두 그러했다. 누구나 창업할 수 있는 치킨집과, 숙련된 경험과 독창적인 철학으로 다져진 높은 수준의 레스토랑은 차원이 다르다. 공통점은 음식을 판다는 것 하나뿐이다.

필요한 것은 기술력과 비전

그렇다면 인생 100세 시대에 오랫동안 직업으로서 사진 활동을 하려면 기술력이 매우 높아야 한다는 말이 된다. 농담 반 진담 반으로 하는 이야기지만, 내가 목표로 하는 은퇴 나이는 95세다. 올해 76세인 전설적인 사진작가 애니 리버비츠가 아직도 왕성한 활동을 하는 것을 보면 못할 것도 없을 것이라 생각한다. 그렇기 때문에 누구도 따라 하지 못하는 기술력을 가지고 유행보다 앞서 나가는 사진을 하리라 마음을 먹었다. 유행보다 앞서려면 기술뿐만 아니라 큰 틀의 사진 비전까지 갖춰야만 한다.

그것은 바로 내가 시도하고 있는 아트 스포츠 장르에 해당한다. 이 장르를 처음 시작했을 때부터 지금까지 한국에서 누구도 비슷한 사진을 만들지 못하고 있다. 나도 처음에는 미약한 실력이었지만, 3~4년쯤 촬영하고 보니 이제 어느 정도 안정화되어 촬영과 카메라 기기 선택 및 조작, 조명 배치에 대한 최적화 공식을 갖게 되었다. 가끔 포토 세미나에서 어떻게 스포츠 촬영을 나처럼 할 수 있을지 묻는 예비 직업 사진가들이 있는데, 조명 기술이 꼭 있어야 한다는 나의 확고한 답에 질문자들은 대개 풀이 죽어 돌아간다. 사진을 수년간 해왔지만, 단 한 번도 조명을 사용해보지 않았다는 것이다. 사진가들이 조명에 얼마나 취약한지 알 수 있는 대목이다. 혹은 조명 수업에 참여하는 수강생들 중 조명을 사용해본 적이 있더라도, 나처럼 야외에서 여러 대의 조명을 자유롭게 컨트롤해본 사람은 매우 드물다. 요즘 나는 순간광 조명을 한 번에 10대 이상 사용하는 일도 종종 있다. 누군가 나를 모방해 이런 어려운 방식으로 촬영한다면 1인 촬영은 엄두도 못 낼 것이다. 게다가 사진 작업을 하면서 팀을 구성하는 것은 개인 고객형 촬영 시장에는 맞지 않는 방식이기도 하다. 누군가 지금 내가 가지고 있는 최적화 값을 찾는다면 역시 4년 이상의 시간이 걸릴 것이며, 이 시간을 버틸 수 있는 사람은 극소수밖에 없을 것이라고 생각한다.

매일같이 인스타그램을 체크하며 유행 사진을 파악하는 것은 너무나도 어려운 일이다. 인스타그램은 정말 알 수 없는 세계다. 과연 인스타그램 세계관의 알고리즘을 완전히 파악한 이들이 있을까? 인스타그램에서 한때 인플루언서였던 사람들도 몇 년 후 다시 찾아보면 알고리즘 밖으로 밀려난 것을 종종 볼 수 있다. 그 사람들의 인생 자체가 사회 밖으로 밀려난 것도 아니고 실제로는 행복하게 잘 지낼 수도 있지만, 사람들은 인스타그램에서의 그런 단면만 보고 한물갔다며 평가절하하는 오판을 하기도 한다.

 유행은 잠깐 화려하게 찾아왔지만, 떠난 뒤에는 황량한 사막에 부는 메마른 바람처럼 건조하게 뒤바뀐다. 젠트리피케이션이 지나간 거리에 공실만 남는 것처럼 말이다. 그런 유행을 찾고 따라가는 것을 과연 은퇴할 나이까지 할 수 있을까? 우리는 당연히 나이가 들 것이고, 젊은 세대가 추구하는 취향을 따라가기 어려워질 것이다. 그렇다면, 유행의 가치를 넘어서는 큰 틀의 비전을 가져야 하지 않을까? 나이가 들어서도 세대를 뛰어넘는 예술적이고 미학적인 것들을 추구해 대중의 반향을 불러일으킬 수 있다면 오래오래 행복하게 사진을 할 수 있지 않을까? 고요하지만 생명력이 넘치는 강물처럼 유구한 세월 동안 말이다. 빼어난 사진 기술력이 있고, 사진에 대한 근본적인 철학이 있다면 유행을 떠나, 유행에 앞서, 오랫동안 사진을 할 수 있는 길이 분명 있으리라고 믿는다.

진정한 치열함에
대하여

빈말과 헛된 희망은 빠르게 버려라

사진 강의를 하다 보면 상업사진에 입문하고자 하는 수강생들을 종종 만난다. 대개는 본업에서 사진으로 직업을 전환하려는 사람들이며, 본업 외에 부업으로 추가 수익을 기대하는 사람들도 적지 않다. 이러한 생각은 인스타그램에서도 흔하게 볼 수 있는데, 카메라가 있고 기본적인 촬영 기술만 익히면 돈을 벌 수 있는 낮은 진입 장벽 탓이다. 물론 나 또한 비슷한 생각으로 사진을 시작했다가 크코다친 경험이 있다.

겉보기에 화려한 직업은 실패 확률 또한 높다는 것을 간과해서는 안 된다. 마치 독이 든 성배와 같다. 상업사진을 10년 이상 경험하고 이제야 겨우 직업적인 안정권에 들었다고 말하고 다니는 나 같은 사진가도 있는데, 취미로 1~2년 혹은 그보다 짧은 경험만으로 성공을 기대하는 것은 헛된 희망이다. 대부분의 현실에서 그런 일은 일어나지 않는다. 우연에 기댄 도박 같은 모험을 할 것인가? 당신의 인생은 하나뿐이다.

  직업적 변화를 꿈꾸며 상담을 받으러 오는 사람들은 하나같이 말한다. "진짜 열심히 할 겁니다." "최선을 다하겠습니다." "제 모든 것을 걸겠습니다." 누구나 할 수 있는 이런 말들은 고된 시간을 감당하는 인내력과는 아무런 관계가 없다. 나는 이런 분들에게 솔직하게 조언한다. "그건 실질적으로 아무 의미 없는 말입니다. 지금은 그렇게 말씀하시겠지만, 시간이 지나면 이 직업을 선택한 것을 후회하게 되실 겁니다." 그러면 그들은 또다시 말한다. "후회하더라도 지금 이걸 안 하면 더 후회할 것 같아요." 나는 재차 답한다. "직업 사진가가 되면 그 후회보다 더 큰 후회를 하게 될 겁니다." 나는 이처럼 솔직하고 냉정한 조언을 통해 단 한 명의 영혼이라도 내가 경험한 구렁텅이에 빠지지 않도록 돕고 싶다. 설령 그가 결국 직업 사진가의 길을 택하더라도, 그 길의 험난함을 미리 알려주어 현명하게 헤쳐나가기를 바라는 마음이다.

  사람들은 어떤 목표가 생겼을 때 치열함, 열정, 최선 같은 단어를 선택한다. 맞는 말이자 동시에 거짓된 말이다. 나도 이 말들의 의미를 제대로 알지 못하면서 잘 실천하고 있다고 착각하던 시기가 있었다. 상업사진 초기에 많은 예약을 얻어 미친 듯이 촬영하고 다닐 때였는데, 이른 성공에 취해 몸이 부서져라 일하는 것으로 스스로를 열정적이고 치열하게 살아간다고 여겼다. 모든 촬영과 보정에도 최선을 다한다고 착각했다.

  그러나 한순간 모든 것이 공허하게 느껴졌다. 현재의 열심이 미

래의 발전을 담보하지 않는다는 것을 깨달았기 때문이다. 스냅 사진가였던 어느 날, 이탈리아 토스카나에서 은하수 사진을 찍느라 밤을 새운 뒤 늦은 오후에 깨어났을 때였다. 지난밤에 찍은 은하

수 사진은 분명 멋진 결과물이었고 많은 사람에게 '좋아요'를 받겠지만, 이것이 무슨 의미가 있는지 문득 의문이 들었다. 나는 무엇을 위해 사진을 찍는 걸까? 인스타그램을 위해서? 내가 사진 속에 담고자 하는 것은 무엇일까? 이전에도 자문해본 질문들이지만, 이때처럼 심각하고 무겁고 집요하게 스스로 되물은 적은 없었다. 여행지에서 촬영하는 것이 좋아서 사진을 시작했고, 스냅 사진으로 괜찮은 수익을 올렸다. 하지만 그것이 진정 내가 하고 싶은 사진인지, 사진가라는 직업의 생명력을 오랫동안 유지해줄 수 있는 것인지에 대한 대답은 아니었다. 침대에서 한참을 뒤척이다가 저녁 무렵 밖으로 나가 바라본 토스카나의 황홀경이 역설적으로 다가왔다.

그날 이후 이러한 의문이 내내 나를 따라다녔다. 태양빛을 보고 나면 눈을 감아도 눈 속에서 떠돌아다니는 잔상처럼 말이다. 나는 사진가라는 직업이 정말 좋았다. 그래서 백발의 할아버지가 되어도 사진을 찍으며 살고 싶었다. 그러려면 내 사진은 발전해야 했다.

스냅 사진가 시절의 나는 분명 치열하고 열정적이었다. 그 시기의 밀도는 당시로서는 최선의 것이었다. 누군가에게 내 직업을 자랑스럽게 이야기할 때도 이 직업을 정말 좋아하고 삶과 분리할 수 없다고 말했을 것이다.

지금도 나는 그때와 똑같이 말한다. 하지만 그때의 밀도와 지금의 밀도는 분명 다르다. 그때는 그저 직진만 할 줄 아는 초보 운전과도 같았다. 그러나 인생은 직진만으로 되는 것이 아니라는 것을 많은 경험을 통해 깨달았다. 훌륭한 드라이버가 되기 위해서는 직진뿐만 아니라 좌회전, 우회전, 유턴, 주차를 모두 할 줄 알아야 한다. 실제 도로 위에서 갑자기 튀어나오는 차나 사람을 예측하고, 급커브를 돌며, 최적의 속도로 효율적인 장거리 운전까지 해낼 수 있어야 한다. 그저 시속 150km로 직진했다고 운전을 잘하는 것이 아니듯, 무작정 열심히 달려왔다고 잘 살고 있는 것이 아니다.

스냅 사진을 한창 찍던 시기에 불현듯 한국에 안착할 생각을 굳혔다. 풍경 사진이나 스냅 사진을 잘 찍는 의미가 크게 다가오지 않았다. 풍경 사진 작가로서 최고의 반열에 올라 강연을 다니며 기업의 후원을 받는 것도 목표가 될 수 있겠지만, 이는 만 명 중 한두 명 있을까 말까 한 바늘구멍 같은 길이다. 통장에 50억쯤 보유한 부자라면 좋아하는 사진만 찍으며 지낼 수도 있겠지만, 나와는 거리가 먼 이야기다.

나는 아직 사진에 대해 잘 모른다. 더 공부하면서 내가 어떤 비전을 보여주고 싶은지 살펴야 한다. 그 비전을 사진에 담을 기술을 쌓기 위해 연습해야 한다. 준비가 잘되어 나만의 창의적인 사진을 보여줄 때가 온다면, 내 이름을 건 사진가로서의 길이 열릴 것이라 생각한다. 이런 것들은 단순히 본능에서 비롯된 치열함과 열정만으로 찾을 수 있는 것이 아니다.

자기객관화와 멘토링이 필수

아무런 기술도 없는 카메라 사용자가 무작정 이것저것 다 찍어본다고 해서 답을 찾을 수는 없다. 카메라를 다루는 기술 정도는 늘 수 있겠지만, 사진은 예술 행위이기에 예술적 가치를 담아낼 수 있는 인문, 교양, 예술적 사상이 프레임 안에 담겨야 한다. 그리고 그 예술적 가치는 인간의 시신경을 넘어 머리와 가슴까지 전달될 수 있어야 한다.

 이는 열정만 가지고 해결될 문제가 아니다. 현실적인 조언과 자기 객관화가 필요하다. 그 조언은 단순한 취미 사진가의 의견이 아닌, 사진에 오래 몸담은 전문가들의 예리하고 날카로운 멘토링이어야 한다. 예를 들어, 베이비 스튜디오를 막 성공시킨 이에게 나는 묻는다. "지금은 잘되고 있겠지만, 1년 후나 2년 후, 5년 후는 어떨까요? 만약 같은 구역에 스튜디오가 두세 개 더 들어온다면 어떻게 대처할 것입니까?" 이런 현실적인 질문을 던진 뒤 이에 대한 대책과 전문성을 더 키우기 위한 공부에 대해 이야기를 나눈다. 치열함과 열정의 밀도를 채우려면 사진가로서의 객관화와 미래를 내다보는 혜안, 그리고 다른 이들을 통해 얻은 자양분을 내 것으로 삼는 소화 능력이 필요하다.

 누구나 뜨겁게 살 수 있다. 사진가뿐 아니라 자영업자, 전문직, 기술직 등 모든 직업에 해당되는 말이다. 그러나 사진가나 예술가는 특히 더 냉철한 치열함을 가져야 한다. 뜨거운 가슴으로 뛰어든 예술 세계에서 현실을 잊고 예술적 감흥에 빠져 주변을 돌아보지 못하고 경제적인 상황 앞에서 바보가 되는 경우가 많기 때문이다.

 시간은 유한하고 인생은 한 번뿐이니. 누구나 알 수 있는 "최선을 다하겠습니다"라는 말의 진짜 의미를 알아야 한다. 이보 전진을 위해 일보 후퇴해야 할 때도 있고, 꽃을 피우기 위해 인내하는 시간도 필요하다. 그리고 사진가나 예술가가 되기 위한 출발점에서 자신의 현실 상황이 그런 인내의 시간을 허용할 수 없을 만큼 이미 포화 상태라면, 이 일을 시작하지 않는 것을 권유한다. 직업 사진가는 감성적으로도 섬세해야 하지만, 현실 앞에서 인생의 덧셈 뺄셈을 할 줄 아는 계산력도 어느 정도 필요하다. 이런 상태가 예술가의 진정한 치열함이라고 생각한다. 예술을 하느라 자기 삶을 방치한다면, 그것은 지속 가능성이 없다. 하지만 자신의 삶마저 행복으로 이끌 수 있는 방향성을 지속적으로 챙기며 이 일을 한다면, 그 사람의 인생 자체가 예술이 된다.

AI 시대에 사진가는 살아남을 수 있을까

AI는 사진가의 보조 작업자

언제부터인가 사진가들의 필수품인 포토샵에 생성형 AI 기능이 등장하기 시작했다. 불과 2년밖에 되지 않았는데, 주변에서 적극적으로 사용하는 사람들이 늘고 있고, 나도 일부 작업에서 이 기능을 사용하고 있다.

어도비 파이어플라이라는 AI 모델은 수많은 이미지를 학습했고, 우리가 필요로 하는 부분에 학습 데이터를 기반으로 새로운 요소들을 생성해준다. 불필요한 부분들을 삭제할 때도 현재 이미지를 분석해 수정한 부분이 주위와 잘 어우러지도록 만들어준다.

나는 주로 배경 속의 불필요한 부분을 삭제하는 기능을 사용했다. 생성형 AI가 없던 시절에는 이미지 내에서 기존 패턴을 활용하는 방식에 한계가 있었는데, 이제는 다양한 이미지 데이터와 이미지 내의 시각적 문맥을 이해해 새로운 콘텐츠를 창조하는 방식으

로 작업자가 원하는 것을 만들 수 있다.

어도비와 더불어 내가 사진 작업에서 사용하는 AI형 프로그램이 있다. '이보토'라는 인물 사진 보정 프로그램인데, 인물 피부의 잡티나 피부결, 얼굴 사이즈와 형태, 이목구비와 몸매의 세부적인 보정도 가능하다. 이전에는 포토샵 작업자가 직접 수작업했던 수정 요소들이 거의 모두 포함되어 있는 것이다. 이보토를 처음 접한 사람들은 신세계를 만난 것처럼 놀라워하며, 이제 자신이 다루던 프로그램으로는 못 돌아가겠다는 이야기를 종종 듣는다.

이보토 안의 AI는 딥러닝 기술을 사용해 사진 속의 인물을 감지하고 그 안에서 피부 잡티를 제거하면서도 피부의 질감과 디테일은 유지해준다. 한글화되어 알아보기 쉬운 인터페이스 안에서 슬라이드 바만 움직이면 인물 사진 보정에 필요한 대부분의 옵션을 사용할 수 있다. 또한 사람이 직접 자신의 눈으로 사진을 보며 판단할 필요 없이 균형적이고 말끔하게 보정 처리를 해주므로 노력과 시간을 획기적으로 줄여준다. 이런 이보토의 기능들은 포토샵을 잘 사용하지 못했던 사용자들도 누구나 손쉽게 인물 사진 보정을 할 수 있도록 돕는다.

내가 이보토의 앰배서더는 아니지만 가끔 SNS에서 이보토를 소개한다. 그러면 댓글이나 다이렉트 메시지를 통해 이보토는 사진가들에게 좋은 프로그램이 아니니 홍보하지 말아달라는 요청이 종종 온다. 이 프로그램이 인물을 모두 비슷한 분위기로 획일화하기 때문에 사진가들이나 사람들에게 부정적인 영향을 미칠 수 있다는 것이다. 물론 이런 요청에 응하지는 않지만, AI에 대한 사람들의 생각을 알게 되는 계기가 되기도 한다.

　이는 분명 틀린 말이 아니다. 이보토는 사람들이 원하는 '이상적인' 얼굴 스타일로 만드는 경향이 있다. 사람이 원래 가진 개성과 특색을 줄여나가면서 완벽에 가까운 얼굴로 만들어준다. 그 속에서 인간적인 것들이 우수수 삭제된다. 점이나 수염 자국이 좀 있더라도 그것은 그 사람만의 고유한 것이다. 우리는 각기 다른 얼굴과 다른 인상을 가졌기에 '유일한 나'로 인식된다. 그래서 조금 무섭기도 하다. 사진에 담긴 자신의 얼굴이 미적으로 완전해지는 것도 좋지만, 그것은 자신의 고유 아이덴티티와 거리가 멀어지는 것이기 때문이다. 내게 부정적인 의견을 표한 사람들은 그런 오리지널리티에 대한 고유성을 말하는 것이다. 여기에 더해 AI가 예쁘고 잘생겨 보이기를 원하는 인간의 마음을 한쪽으로 획일화한다는 단점도 있는데, 이는 사진업계 내에서 AI를 마주한 사진가들의 견해가 대립되는 부분이기도 하다.

　현재 인물 사진 작업을 하는 사진가 중 많은 사람이 이보토를 활용하고 있다. 인물 사진을 함께 작업하는 피사체, 즉 고객이 이보토 스타일의 외모 수정을 원하기 때문이다. 어쩌면 고객들이 이미 스노우 같은 인물 사진 보정 앱으로 자신의 사진을 보정한 값들을 AI가 학습했고, 이보토는 그런 스타일의 외모 수정이 사람들이 원하는 포인트라고 판단하고 보정을 돕고 있는지도 모르겠다. 어쨌든 고객들은 이보토를 사용해 사진을 보정해주면 대부분이 외모 수정에 대해 칭찬을 한다. 게다가 작업 시간까지 확실히 줄어드니 사진가들이 이보토 프로그램을 사용하지 않을 수 없게 되는 것이다.

AI, 사용할까 말까 아직도 고민이라면

최근에 인상 깊게 읽었던 도서 중 하나가 송길영 작가의 『시대예보: 핵개인의 시대』이다. AI에 대해 무지에 가까웠던 내게 새로운 시대에 어떤 '핵개인'이 살아남을 수 있는지 알려준 책이다. AI를 두려워하되 도구로서 적극 활용하고, AI가 대체할 수 없는 사고력과 서사 등을 더욱 중요시해야 한다는 내용이었다. 나 역시 이에 적극 동의하고 AI를 잘 활용해야 한다고 생각한다.

포토 세미나에서 가끔 이런 질문을 받는다. "AI가 사진가들에게 어떤 영향을 미칠 것 같나요?" 나는 이렇게 답한다. "지금은 AI 사용이 필수적인 시대이고, 미래에는 지금보다 더 강력한 AI가 만들어져서 사회와 사람들의 관계를 모두 바꿀 거예요. 사진가도 AI를 사용해 효율을 낼 수 있다면 적극 활용해 작업의 완성도를 높여야 합니다. 어떤 분들은 AI에 대해 고민해보지 않거나 부정적인 의견을 드러내며 담장을 쌓습니다. 하지만 그 시간에도 AI 기술은 점점 발전해 우리 일상에 침투하고 있습니다. 안타깝지만 AI 세상 속에서 로우 레벨의 사진가들은 도태될 것이라고 예측합니다. 단순히 카메라를 들고 사진을 촬영하는 것은 AI에 대체될 가능성이 높습니다. 지금도 원본 이미지를 가지고 새롭게 합성하는 AI 기술들이 굉장히 뛰어납니다. 어떤 모델을 스튜디오에서 촬영한 다음, 그 모델이 뉴욕 한복판에 있는 것 같은 이미지를 생성하는 것이 가능해요. 뉴욕에 직접 가서 촬영할 필요가 없으니 예산과 시간을 대폭 아낄 수 있죠. 일반인이 인물 사진을 조명 없이 적당히 찍더라도,

전문가가 사용할 법한 조명을 받은 사진처럼 만들 수 있게 됩니다. 때문에 1차 스튜디오들이 무너질 가능성이 있습니다. 자신의 증명사진을 스마트폰으로 집에서 촬영한 뒤, 보정 앱을 사용해 디지털 파일로 만드는 것을 쉽게 할 수 있습니다. 그런 만큼 1차적인 사진 촬영을 하시는 분들은 직업을 잃게 될 가능성이 큽니다."

그래도 이런 비관적인 이야기만으로 대답을 끝내지 않는다. AI 시대에도 사진가들이 살아남을 방법이 있다는 것을 알고 있기 때문이다.

"그렇지만 AI 시대가 온다고 하더라도 특정 사진가들은 분명히 살아남을 거예요. AI는 많은 것을 만들 수 있지만, 인간 고유의 경험, 감정, 철학을 가지고 있지는 않으니까요. 뇌과학자 김대식 교수는 여러 매체에서 언급하길, AI가 가질 수 없는 것이 인간의 의식과 몸을 통한 경험이라고 했습니다. 인간은 유한한 삶 속에서 고통, 기쁨, 슬픔 같은 감정을 직접 경험하고 작품에 반영하지만, 이러한 깊이 있는 서사는 AI가 감당할 수 없다고 합니다. 또한 AI는 왜 이 작품을 만들었는지에 대한 창작자의 의도와 철학을 가질 수 없습니다. 이러한 인간적인 서사는 AI가 모방할 수 없는 인간만의 독보적인 가치입니다. 그래서 사람만이 사유하고 창작할 수 있는 것들을 사진으로 펼쳐내는 사진가들은 미래에 오히려 더 호응을 얻게 될 거라고 생각해요. AI가 만든 엄청나게 많은 것 속에서 장인이 직접 손으로 만든 가죽 공예라든지, 도예가가 진심을 담아서 직접 빚은 도자기 같은 유일무이한 작품들이 더 높은 가치를 얻을 겁니다. 사진도 AI가 만든 생성형 사진보다 사람이 의지와 의도를 가지고 창작한 작업물이 더 높은 가치를 가질 것이므로 인간만의 서사를 담을 수 있는 사진가들은 그 위상이 더 높아질 것이라고 생각합니다."

나 역시 이러한 생각을 바탕으로 미래에 더욱 인정받을 수 있는 서사와 창의를 담아 작업하려고 노력하고 있다. 아트 스포츠와 소멸 지역에 대한 작업이 언젠가 더 높은 가치를 지닐 수 있도록 말이다. 스포츠에서 느낄 수 있는 정신을 사진으로 극대화하거나, 사회적인 의견을 제시하기 위한 동기가 녹아 있는 무용수들과의 촬영은 감정과 의지가 없는 AI가 생성할 수 있는 것이 아니다.

여러모로 사람 냄새를 풍기며 할 수 있는 사진의 길은 미래에도 열려 있다. 그러므로 사진가로서 오랫동안 살아남고 싶은 사람이라면 철학과 창의에 더욱 가치를 두어야 한다. 내가 20대에 읽었던 문학과 철학 도서들이 지금 많은 도움을 주고 있는 것처럼 말이다. 이런 책들을 만나지 않았다면 지금의 내가 원하는 작업을 해내지 못했을 수도 있다. 나라는 한 인간의 삶에 이러한 개념과 경험이 섞여 들어 약 20년 이상의 시간을 보낸 후 창의적인 사고로 표현될 수 있게 된 것이다.

이제 사진가도 재무장해야 할 때

◉

내 생각처럼 정말로 기존의 스튜디오들과 사진가들의 질서가 새롭게 정립되고, AI를 폭넓게 활용해 인간의 서사와 철학이 담긴 창

직업 사진가의 뼈아픈 현실 이야기

의적인 결과물을 만드는 사진가가 대중에게 더 큰 호응을 얻게 될까? 이런 시대적 변화를 받아들여야 한다면, 앞으로 시나리오를 세팅하고 연출해 주관을 적극적으로 드러낼 수 있는 사진이 더 돋보이게 될 것이다. 그러려면 프레임 안의 우연적 요소로 이야기를 찾는 것보다, 사진 속에 필연의 요소를 구성하는 것이 더 유리할 것이다. 그것은 AI 프롬프트 박스 안에 자신이 어떤 스토리와 배경과 피사체와 조명을 필요로 하는지 직접 문장을 작성하는 것과 비슷하다. '로봇 공장 배경에 검은색 레오타드 의상을 입은 현대무용수 2명이 있고, 대부분이 어두운 노출을 띠고 있지만 무용수에게는 핀라이트 조명이 비추며, 연무가 무용수들을 감싸고 있는 듯한 분위기의 사진을 생성해줘'라는 문장을 자신이 직접 현실의 촬영으로 만들어보는 것이다. 내가 직접 연출하는 것이기 때문에 왜 이런 이미지를 만드는지에 대해 답하는 것은 자연스레 따라오게 될 것이며, 이런 사진 작업이 반복되면 작가의 사유는 더욱 깊어지게 될 것이다.

최근 나는 구글의 생성형 AI인 '제미나이'를 다양하게 활용하는 중이다. 어떤 사진 레퍼런스를 보고서 제미나이에 "이 사진은 어떤 조명을 사용한 사진이야?"라고 물으면 꽤 정확한 답변을 들을 수 있다. 기업 등에 보내는 제안서를 구성하는 데에도 적극 활용한다. 내가 상상하는 이미지를 프롬프트에 문장으로 입력하면 몇 번 실패하더라도 비슷한 이미지를 받을 수 있다. 제안서는 문장으로 설명하는 것보다 이미지를 보여주는 것이 백번 효과적이다. 이외에도 일상 속에서 떠오른 아이디어가 있으면 제미나이를 이용해 이미지로 만들어보기도 한다. 이렇게 하면 어떤 방식으로 사진을 만들어야 할지 상상을 구체화할 수 있다.

앞서 AI 시대에는 1차적인 사진 산업이 해체될 가능성이 크다고 말했다. 송길영 작가는 사람들이 회사 같은 집단에 소속되지 않고 자신의 생각과 취향을 중심으로 살아가는 핵개인이 미래 사회의 주체가 될 것이라고 예견한다. 전통적인 공동체가 해체되고 개개인이 독립적인 생존 단위가 된다. AI는 효율성을 담당하고, 인간은 복잡한 상황을 이해하고 새로운 가치를 만드는 역할을 하게 되는 것이다. 그런 물결을 사진가들은 피하기 어려워 보인다. 더욱 효율적이면서도 창의적인 사진가가 되기 위해 반드시 재무장해야만 한다.

감성보다
기술

나의 '주니포토' 시절

나의 옛 사진 스타일을 기억하는 사람들을 지금도 종종 만난다. 그들은 반농담처럼 다른 사람의 사진인 것 같다고 말하기도 한다. 그만큼 나는 사진 스타일의 변화를 꾀했고, 성공적으로 나만의 사진 세계를 만들어가고 있다. 예전에는 주로 스냅이나 여행, 풍경 같은 감성적인 사진들을 찍었다. 나는 여행을 좋아했고, 사진을 시작한 계기도 여행에서 찍은 사진들이 수확물처럼 멋지게 느껴져서였다. 유럽에서 시작한 한국인 대상의 스냅 촬영 상품이 매우 잘 팔리기도 했다. 여행과 사진이 늘 함께했기 때문에 이것이 나의 스타일이라고 자연스럽게 받아들였다. 그렇게 나는 해외를 오가며 촬영하는 것으로 직업 사진가의 길을 걷게 되었다.

지금은 전혀 다른 스타일의 작업을 하고 있다. 예전의 사진들을 보면 내가 찍은 것 같지가 않다. 어떻게 이렇게 드라마틱한 스타일의 반전을 이룰 수 있었을까? 앞에서 말했다시피 주된 이유는 팬데믹이었다. 코로나19가 돌던 시기에 개업했던 스튜디오가 서서히 침몰했고, 더 이상 해외에 나갈 수 없는 상황이 되자 고민이 많아졌다. 전처럼 세상을 돌아다니며 촬영할 수 없었기에 한 명의 사진 기술자로서 국내에서 자립해야만 했다.

스냅 촬영이 낮은 수준의 기술력이라 생각해왔기에, 이런 날을 대비해 조명이나 사진 기술을 꾸준히 학습해왔다. 하지만 준비가 완전히 되지 않은 상황이었다. 개인 고객의 스냅 촬영을 넘어 기업과 함께 일하려면 조명과 포토샵을 완벽하게 다룰 수 있어야 했다. 팬데믹 상황 속에서 나는 이런 기술들을 더욱 연마하지 않으면 사진가로서 삶을 유지하기 어렵다고 생각했다. 그래서 부족하다고 느꼈던 조명 사용법을 더 익숙하게 다룰 수 있도록 촬영 훈련을 거듭

했고 조명을 사용한 사진 레퍼런스들을 찾아 모방하며 전문가들의 기술을 나의 것으로 흡수했다. 포토샵 실력에도 한계를 느껴 개인 교습을 받고 전문 서적들을 하나하나 살펴보며 공부했다. 인생에서 가장 힘든 시기였지만 그런 노력을 기울였기에 지금의 촬영을 해낼 수 있는 실력이 쌓였다. 이때 훈련한 기술과 학습한 이론은 나의 사진을 아주 다른 것으로 바꿔놓았다.

내 사진의 핵심은 '감성보다 기술'

사진을 찍는 사람들이 흔하게 접하는 감성적인 주제에는 따뜻함, 사랑, 애틋함, 그리움, 서정, 즐거움, 맑음, 행복, 기쁨 등이 있다. 이런 감성들은 카메라를 들고 사진을 찍으면 자연스럽게 따라오는 감정들이다. 나는 종종 생각을 뒤집어 위의 주제와는 반대되는 감정을 찍을 수 있겠냐고 묻는다. 커플의 이별과 슬픔을 사진으로 표현할 수 있을까? 배신과 고통을 사진으로 촬영할 수 있을까? 사진을 찍는 것은 현재의 시간을 캡처해 과거로 바라보는 시점이 발생하는 개념이기 때문에 과거에 대한 향수를 그리게 되는 것은 기본값이다. 하지만 그런 기본 개념을 넘어서서 인간이 갖게 되는 다양한 감정들을 그려보는 것은 매우 어렵다. 나는 그런 감정들을 사진에 담기 위해 시도해본 적이 있는데, 그때 단순한 스냅만으로 표현하기가 어렵다는 것을 깨달았다.

현재 내 사진에서 감성적인 부분이 있다면 선수들의 열정, 정신,

노력, 승리의 쾌감 같은 것들이다. 예전의 감성적인 사진들이 기름지고 느끼했던 반면, 지금은 감정을 절제해 건조하게 표현한다. 마치 헤밍웨이의 글처럼 말이다. 그의 글은 관찰자의 담백한 시선을 보여준다. "그 노인은 이제 멕시코 만류에서 홀로 조각배를 타고 고기잡이를 하고 있었다. 벌써 84일 동안이나 물고기를 한 마리도 잡지 못했다." 주인공에 대한 상황적 설명만으로 독자들이 어떠한 감정을 느끼게 하는 것. 내가 하고 싶은 것도 이와 비슷하다. 조명으로 선수들의 움직임을 드러나게 해 사람들이 놓치고 지나갈 순간적인 에너지의 압축을 터뜨려 보여주고 싶다. 작가의 조명 터치로 피상적인 부분들을 보여주고 보는 이로 하여금 움직임에 대한 각자의 해석을 내리게 하고 싶다. 그렇게 하기 위해서는 당연히 조명 사용법을 완전히 숙지해야 한다.

'감성보다 기술'이라는 문구가 내 사진의 핵심이다. 감성적인 사진은 유행을 쉽게 탄다. 불과 5년 전에 유행한 콘텐츠인데도 TV나 유튜브 같은 매체에서 다시 보면 촌스럽게 느껴진다. 이 말은 사진가로서 감성을 다루려면 언제나 유행을 지켜보고 있어야 한다는 이야기이기도 하다. 본인의 톤 앤 매너를 유지하면서도 유행에 따라서 감각적인 변신을 하는 것은 쉬운 일이 아니다. 어쩌면 내가 예전의 여행 스냅 촬영에서 지금의 스포츠 촬영으로 기술적인 변신을 꾀한 것만큼 어려운 일일 수도 있다. 그만큼 직업 사진가의 삶의 안정성을 흔드는 일이다.

오랫동안 사진을 직업으로 영위하고 싶지만, 그러면 사진가는 자연적으로 늙게 된다. 유행에 영원히 발맞출 수 없다. 그래서 나이가

들어서도 직업 사진가로서 살아남으려면 유행을 따르지 않는 자신만의 사진을 추구해야 한다. 나는 그 고민 끝에 '아트 스포츠'라는 촬영 스타일을 키워나가기로 했다. 스포츠는 어떤 운동이 더 유행하느냐 정도의 차이가 있을 뿐 늘 대중의 관심거리였고, 생활 스포츠를 즐기는 사람들도 셀 수 없이 많다. 그래서 스포츠 사진은 비록 촬영 기술은 어렵지만 더 건강하고 오랫동안 직업 사진가로서 생존할 수 있겠다는 생각이 들었다. 유행을 따르지 않으려면 예술사진을 하면 된다고 생각할 수도 있다. 하지만 높은 수준의 사진작가로 인정받으며 작품 활동을 하는 것은 예술가로서 이름을 알리는 시간도 오래 걸릴 뿐 아니라 일거리 자체가 적다. 그래서 나 같은 생계형 흙수저 사진가는 순수예술로서 사진 작업을 하기가 현실적으로 어렵다. 반면 스포츠 촬영은 대중들 안에서 언제나 벌어지고 있기 때문에 일거리가 많을 것이라고 예상했고, 그 예상은 실제로 잘 들어맞았다.

현재는 개인 고객에서 기업 고객으로, 더 나아가 공공기관과의 협업으로 사업을 확장하고자 한다. 기업과 협업할 수 있는 규모를 만들고자 스포츠 촬영 회사를 공동 창립했다. 또한, 공공기관에서 지정하는 스포츠 콘텐츠 촬영 제작뿐만 아니라 〈춤추는 사상〉과 같이 사회적 메시지를 담은 사진 작업도 함께 진행하고 있다. 더 큰 규모의 일을 하기 위해서는 완벽한 사진 기술이 필수적이다. 이 영역에서 감성은 일부분일 뿐이다. 가장 중요한 것은 어떠한 이미지를 정확하게 제작할 수 있느냐의 문제다. 조명을 이용해 알맞은 대비감을 만들 수 있어야 하고, 포토샵으로 기업이나 공공기관이

직업 사진가의 뼈아픈 현실 이야기

필요로 하는 이미지를 만들 수 있어야 한다. 기능적으로 그 이미지를 만들어낼 수 있느냐가 가장 중요하며, 감성은 여기에 살짝 더하는 정도다.

나의 사진 영역은 몇 층에 있을까

사진업을 해나가면서 직업 사진의 관계도를 떠올려보게 되었다. 이는 매우 사회적인 관점에서 비롯되었다고 할 수 있고, 내가 눈으로 보았던 직업 사진업계를 분류한 것이니 누군가가 이 그림을 본다면 반박할 수도 있다.

피라미드의 가장 낮은 1층에는 내가 사진을 시작했던 시점처럼 스냅 사진이 자리한다. 카메라와 렌즈, 그리고 간단한 보정을 할 수 있는 노트북을 갖고 있다면 누구나 이 시장에 진입할 수 있다. SNS 계정을 만들어 자신이 찍은 사진들을 올리고 모객을 할 수 있다. 뛰어난 기술력이 없어도 대중의 마음을 이끌 만한 포인트만 가지고 있다면 촬영 의뢰가 들어올 수 있다. 하지만 사람들의 마음은 바람 앞의 촛불과 같다. 사진이 식상해지면 금세 다른 사진가에게 관심을 준다. 종종 스냅 사진으로 상업적인 성공을 거두는 사진가들도 있다. 나 역시 2010년대 중반에 혼자서는 촬영을 다 소화해내지 못할 만큼 예약이 들어왔다. 그러나 그 흐름이 유지되는 시기가 매우 짧다. 오랫동안 인기를 유지하는 사진가는 극소수에 불과하다. 여기서 스튜디오 스타일의 촬영이나 촬영 그룹 또는 기업으로 변화를 꾀한 사진가들은 오랫동안 브랜드의 명맥을 유지했다. 하지만 이 역시 소수에 해당한다.

한국의 사진업계에서 가장 많은 비중을 차지하는 웨딩 사진을 살펴보자. 사진 시장에 막 진입한, 아직 실력이 충분히 다듬어지지 않은 사진가들은 웨딩 스튜디오의 수주를 받아 보정 없이 사진만 찍는 파트타임 촬영으로, 1층에 머물러 있다. 웨딩 촬영 사진가들은 여기서 몇 년의 경력을 쌓아 메인 실장이 되기도 하고, 웨딩 플래너와 잘 연계된 업체에 소속되어 안정적인 수입을 얻기도 한다.

2층에는 프로필 스튜디오나 웨딩 스튜디오 등이 중심을 이룬다. 어느 정도 사진 경험을 쌓은 이들이 안정성을 추구하며 스튜디오 사업을 펼치는 경우다. 일반 고객 촬영이 주를 이루지만, 때로는 쇼핑몰 의류 촬영이나 브랜드 제품 촬영도 병행한다. 그러나 내가 경험했듯이, 스튜디오 창업과 사업 운영은 신중해야 한다. 서울에만 해도 셀 수 없이 많은 스튜디오가 존재한다. 사진 커뮤니티의 장터에는 스튜디오를 폐업해 장비를 처분하는 글이 너무나도 많다.

꿈만 가지고 대책 없이 스튜디오를 창업하는 사람들이 너무나도 많다. 투자금 대비 수익 구조도 모른 채, 꼼꼼한 계획과 남다른 창의성이나 기술력 없이 사업을 시작한다. 운 좋게 잠시 돈을 벌었다가 몇 년 뒤 일거리가 줄어 폐업하는 사례도 적지 않다. 유행을 타고 단기간에 성공한 스튜디오가 어느 순간 식상하다는 평가를 받는 것은 시간문제이다. 한창 잘나갈 때 다음 아이템을 준비하고 있어야 하는데 당장 눈앞에 놓인 달콤함이 영원할 것이라고 착각하는 것이다. 행복할 때 미래를 준비해야 한다. 고통스러울 때의 준비

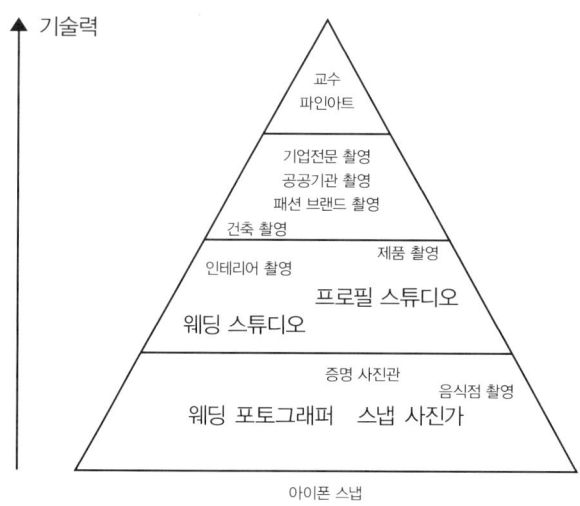

는 쓰디쓴 경험이 된다. 나는 실제로 실패를 경험했기에 다른 사진가들은 그 쓴맛을 피하기를 바란다.

최근에는 1층보다 더 아래, 지하 1층의 영역도 생겼다. 이른바 '아이폰 스냅 촬영'이다. 아이폰으로 웨딩 스냅을 찍고 식이 끝나면 에어드롭으로 바로 전송해준다. 이 편리함 때문에 신부들의 선택을 많이 받고 있지만, 기본적인 매너와 전문성이 결여된 일부 사진가들로 인해 많은 비난을 받기도 한다.

신랑 신부가 퇴장하는 버진로드 한가운데에 난입한 아이폰 스냅 사진가와 메인 사진가가 다툼을 벌였다는 일화도 들었다. 당근마켓에서 구인한 비전문 인력이 아이폰을 들고 촬영 현장에 나타나 사회적으로 이슈가 되기도 했다. 일부 업체들은 사기 전력이 밝혀지거나 연락이 두절되기도 했다. 아이폰 웨딩 스냅 촬영에 대한 논

란이 거세지고 있지만, 인생 속 단 한 번의 멋진 웨딩의 순간을 그리는 신부들에게는 매력적으로 느껴지는 요소들 때문에 아이폰 스냅 촬영을 하는 현장은 여전히 많다.

3층에는 주로 패션 브랜드 및 기업 전문 촬영, 공공기관 촬영 분야가 있다. 내가 하고 있는 아트 스포츠 촬영도 이 영역에 포함된다고 할 수 있다.

3층은 브랜드나 기업 촬영이 압도적으로 많고 수입도 괜찮은 편이다. 그렇다고 3층이 수입이 더 많다고 단정할 수는 없다. 유행에 따라 1층이나 2층에서 더 많은 수입을 얻기도 한다. 어떤 수준의 사진 촬영을 하느냐는 명예의 문제도 중요하지만, 수익이 더 중요할 수도 있기에 직업 사진의 세계는 무엇이 가장 좋다고 단정지어 말할 수가 없다.

3층과 4층 사이에는 깨기 어려운 유리천장이 있다. 4층은 신의 영역처럼 보이기 때문이다. 이름만 들어도 아는, 명성이 자자한 사진가들이 그곳에 있다. SNS를 하지 않아도 일이 알아서 찾아온다. 단건 수입도 상상 이상이다. 나의 목표도 이 유리천장을 깨고 올라가는 것이다. 그러기 위해 꾸준히 노력하고 있다.

짐작했겠지만, 기술이 높을수록 높은 층에 위치하고, 단위당 수입이 늘어가며, 유행에 좌우되지 않는 촬영을 한다. 내가 감성보다는 기술 향상에 더 집중하게 된 이유가 이것이다. 사진의 본질적 속성을 떠올려보면 감성은 기술에 비해 어려운 표현법이 아니다. 찍는 순간 과거가 되는 찰나의 장면은 그 자체로 애틋함을 불러온다. 그것이 사진의 매력이긴 하지만, 직업 사진가로서 고차원적인

표현을 위해 집중할 부분은 아니다.

  클라이언트가 필요로 하는 이미지를 정확하게 제작할 수 있는지 여부가 핵심이다. 기술이 잘 표현되면 그 위에 감성을 얹는 것이 어렵지 않다. 단적으로 말해 직업 사진가는 이미지를 클라이언트에게 제공하는 제조업자이자, 그것을 만들어내는 기술자다. 완성도 높은 이미지를 제공해야 합당한 대가를 받을 수 있다. 결국 기술이 곧 경쟁력인 셈이다. 감성적인 매력만으로는 기업 고객들이 따라오지 않는다. 잠시 그런 행운을 얻었다고 해도 오래 지속되지 않는다. 나는 앞으로 다양한 직업 사진의 세계에서 감성보다 기술적인 사진이 얼마나 더 독보적인 색채를 드러낼 수 있을지 직접 증명해낼 생각이다.

때로는 뷰파인더 대신,
삶 자체를 바라보자

어느 사진가의 하루 루틴

아침이다. 이른 오전에 촬영이 있어서 새벽에 억지로 잠을 깼다. 어렸을 때부터 심야형 인간으로 살아온 것이 익숙하기도 하고, 밤 늦게까지 이것저것 하다 보면 자정을 한두 시간 넘겨서야 침대에 노곤한 몸을 눕힌다. 그래서 아침 콜타임이 잡히면 늘 수면이 부족하다.

새벽 6시부터 스마트폰의 알람이 요란하게 울린다. 다섯 번은 알람이 반복되어야 비명을 지르며 몸을 일으킨다. 일어나서는 매트를 펴고 가벼운 요가로 몸을 푼다. 구독하는 요가 선생님의 유튜브 영상을 보고 따라 할 때도 있고, 몸 컨디션에 맞추어 스트레칭으로 대신할 때도 있다. 간밤에 굳은 몸에 피가 돌면서 정신이 맑아진다. 몸이 한결 가볍다. 이제 뜨겁게 우려낸 홍차를 마시거나 간단한 식사를 하고 나갈 채비를 한다.

차에 시동을 걸고 그날의 기분에 맞는 음악을 선곡한다. 1분 정도 엔진을 데우고 목적지로 출발한다. 적색 신호등이 켜지면 핸들을 붙잡은 채 그날 있을 촬영을 다시 한번 상기해본다. 보통 일정이 잡히는 순간부터 촬영에 대한 밑그림을 그리고, 그 밑그림이 담긴 보드를 PDF로 작성한 뒤, 몇 번이고 수정한다. 촬영 전날까지도 수시로 살펴보며 머릿속에 담아둔다. 운전대를 잡으며 보드의 페이지를 머릿속에서 넘겨본다.

사전에 모든 상황에 대해 준비해야 한다. '가서 어떻게 해보지, 뭐.' '그건 즉흥적으로 판단해서 해봐야겠다.' 이런 여지는 남겨두지 않는다. 어떤 동작을 촬영할 것인지, 그 동작의 조명 세팅은 어떻게 될 것인지, 미리 설계도를 그리고 머릿속에 각인시킨다. 이렇게 꼼꼼하게 준비를 해도 변수는 꼭 발생하지만, 그나마 그 빈틈은 금세 메꿔진다.

주말 아침이라 그런지, 늘 꽉 막혀 있던 올림픽대로가 뻥 뚫려 있다. 그것만으로도 기분이 좋다. 이렇게 이른 아침 촬영을 나가는 수고로움이 참으로 감사하다는 생각이 든다. 꼭 이때만의 생각은 아니다. 촬영이 많아지고 힘들어질수록, 이렇게 일이 있다는 것만으로도 감사한 생각이 든다. 좌절과 고통 속에서 보냈던 팬데믹 시기를 생각해보면, 이제 삶의 모든 것들이 다시 제자리를 찾아가고 있고 내가 꿈꾸던 것들을 하나둘씩 만들어가고 있다. 이런 모든 것들이 선명하고 뚜렷한 방향성을 가지고 있다는 것이 무엇보다 가장 감사한 일이다.

뷰파인더에서 빠져나와, 자신을 객관화하기

포토 세미나에서 만난 수강생이나 현역 직업 사진가들과 이야기를 나누다 보면, 많은 이들이 사진가로서 자신만의 방향성을 찾는 것을 상당히 어려워한다. 사진가뿐이겠는가. 대부분의 사람들이 미래를 막연히 예측하며, 그것이 자신에게 합당한 길인지 수없이 고민하면서, 막막한 어둠 속에서 손을 더듬어 나아갈 길을 찾는다.

내 경험상, 카메라를 든 이들은 뷰파인더 안에 몰입해 바깥을 바라보는 것에 약하다. 메타인지, 성찰, 학습과 성장에 대해 자신만의 답을 만들고 그것을 행동으로 옮기며 스스로를 이끌어가는 것보다는, 어떤 매력적인 사진을 만들 것인지에 대한 고민에 치우쳐 있다. 그런 삶을 비판할 수는 없다. 나는 지금의 방향성에 확신을 품고 만족감을 얻고 있지만, 십 년 후 돌아본 지금의 내 모습이 또 다르게 보일 수도 있기 때문이다.

우리의 시간은 유한하다. 나의 30대는 훌쩍 지나가버렸고, 40대도 한 번 지나가면 다시 돌아오지 않을 것이다. 그렇기에 오늘 하루를 헛되이 보낼 수가 없다. 오늘의 행동이 최선이 되고, 중장기적인 여정의 하루로서 의미가 있기를 바란다. 지금의 내가 30대의 나를 후회하고, 30대의 내가 20대의 나를 후회했듯이, 10년 후에 오늘을 돌아보며 후회하더라도, 지금의 나는 오늘의 행동에 대한 믿음이 있어야 한다.

다시는 되돌릴 수 없는 시간의 귀중함을 알면 알수록 나에게 더 엄격해지고 생각에 중량감이 더해진다. 내가 나 자신을 믿을 수 있다는 것은 오늘의 선택과 생각이 즉흥적으로 만들어진 것이 아니기 때문이다. 나의 방향성에 부합하는 행동들인지 고민을 거듭한 끝에 내린 결정을 실행하는 것이다. 실패를 겪었던 30대 때, 나의 행동들은 감정적이거나 즉흥적이었다. 삶의 방향과 전혀 맞지 않는 것들에 배팅을 하기도 했다. 과정도 좋지 못했고 결과 역시 좋았던 적이 거의 없었다. 그렇기에 40대에 접어들면서 더욱 신중을 기하는 성격으로 변하게 되었다.

어떤 결정을 해야 할 때 가급적이면 시간을 두고 생각하려 한다. 누군가에게 어떤 것에 대한 요청이나 제안 등의 의견이 들려올 때면, 바로 그 자리에서 결정하는 일이 크게 줄었다. 해야 할 일들을 해나가면서, 적어도 하루를 생각하거나, 3일, 일주일 후에 그 의견에 대해 다시 생각해보면 시간의 거리만큼 사안을 객관화하게 되면서 조금 더 입체적으로 바라보는 여유를 갖게 된다. 그렇게 한 결정들은 대부분 결과가 나쁘지 않았다. 의견을 제시한 타인의 입장도 생각하게 되고, 관계된 사람들도 생각해볼 수 있고, 그들과 나의 관계도 생각해볼 수 있기 때문이다. 그렇게 곰곰이 따져볼수록 나에게, 혹은 모두에게 좋은 방향을 만들 수가 있다.

사유가 깊은 선택은 자신의 행동에 대한 믿음으로 연결된다. 사진가들도 가끔은 뷰파인더나 액정을 바라보지 않고 삶 자체를 바라봐야 한다. 사유가 깊어질수록 자기 사진의 방향성에 믿음이 생긴다 나도. 젊고 팔팔한 시절에는 카메라 가방만 메면 지금 당장 전 세계 어느 곳에 떨어져도 무언가를 해볼 수 있을 것 같은 기세가 있었다. 이제는 조금 뒤로 물러서서 내가 가야 할 길을 조심스럽게 더듬는 습관이 생겼다. 나의 디렉션에 걸맞는 것들을 택하고 필요 없는 가지는 솎아낸다. 성장하는 데에 방해가 되는 가지를 잘라내야 더 맛있는 열매를 맺을 수 있기 때문이다. 그 후 삶의 셔터를 눌러본다면 뷰파인더 안쪽의 대비감과 채도가 더욱 깊어질 것이다.

에필로그

　숨이 턱턱 막히던 무더운 여름이 물러가고, 비로소 조금씩 마른 바람이 불어오나 싶었지만, 아직은 여름 색이 곳곳에 남아 있는 초가을이다. 여름을 좋아하지 않는 한 명의 사진가 앞에는 중요한 사진 작업과 업무가 쉬지 않고 따라다녔다. 여기에 책 두 권을 출간하기로 계약하면서 글 쓰는 작업까지 얹었다. 내가 무엇을 하고 있는지도 모를 정도로 혼미한 날들이 여름 내내 이어졌다. 하루만이라도 휴가를 가보고 싶다는 생각을 했고, 아주 소박하게 계곡에 발을 담그고 마시는 맥주 한잔을 꿈꿨으나, 결국 차로 한 시간 거리의 계곡도 가지 못했다는 것이 조금은 원망스럽다는 생각도 했다. 하지만 이런 날들이 외려 감사하기도 하다.
　무언가를 하고 있다는 것은 하지 않는 것에 비해 훨씬 나은 일이다. 인간은 결국 무언가를 하면서 살아야 한다. 이왕 할 일이면 최선을 다해 성실하게 하는 게 낫지 않은가. 나는 습관적으로 "영혼을 다 바쳐서"라고 주위 사람들에게 말하곤 한다. 몸뿐 아니라 영혼까지 탈탈 털어서 최선의 결과를 만들고 싶다는 마음을 가지고 살아간다. 최선의 것들을 만들기에는 미숙했던 시절과 오랫동안 방황한 지난 세월을 너무나도 잘 알기에, 삶의 디렉션이 탄탄하게 자리 잡힌 지금은 무조건 달려나가는 것밖에 생각할 것이 없다. 쉬지 않고 더 달려나가도 좋다. 어느 날인가 카메라를 드느라 승모근이 칼에 베인 듯 아팠을 때도 모든 것이 오히려 감사했다. 나의 왼쪽 승모근에 날이 선 고통을 만들어주는 일들이 감사했다.

  이 책을 쓴 것도 감사한 일이다. 내가 누군가에게 전할 나만의 디렉션이 생겼다는 것이 감사하다. 이만큼의 이야기를 단시간에 토해낸 나 자신에게도 고맙다. 책을 제안해준 스미다 출판사의 대표님께도 감사하고, 이러한 에피소드를 함께 만들어준 아이모션 대표님, 그리고 함께 나아가는 중인 사진 관련 기업 SMDV와 유쾌한생각에도 감사의 마음을 전한다. 나의 작업을 늘 도와주고 있는 가까운 사람들에게도 무한한 감사를 느낀다. 무엇보다 철없던 나를 지켜오느라 인생을 바친 어머니께도 진정으로 감사하다고 말씀드리고 싶다.

  독자들께도 감사드린다. 나는 이 책의 첫 번째 디렉션이 의미 없는 회고보다는 독자들에게 실질적으로 도움이 되는 이야기를 하는 것이라고 생각했다. 이 책을 읽는 독자는 사진 분야나 예술 분야에 종사하거나 관심이 많은 사람들일 것이라고 추측하며, 이들에게 예술이라는 달콤한 유혹의 반대편에는 쓰디쓴 현실이 있다는 것을 거침없이 알려주고 싶었다. 꿈을 꾸되 이상적으로만 바라보지 말고, 현실적으로 살아남을 수 있는 길을 만들라고 말해주고 싶었

에필로그

다. 그렇지 않으면 꿈은 곧 안개처럼 사라져버릴지도 모른다. 그래서 예술의 감각적인 면에만 편향적으로 빠져들지 말고, 기초와 기본기를 쌓는 연습과 훈련을 통해 그 분야의 전문 기술자가 되어야 한다고 말했다. 기술은 예술만큼 배고프지 않다. 이는 팬데믹 시절에 극한의 어려움을 겪었던 내가 스스로 증명했던 부분이다. 이런 나의 경험에서 우러나온 것들이 실질적이고 효과적으로 독자의 삶에 조금이나마 도움이 된다면, 이 책을 쓴 한 사진가로서 역할을 다했다고 생각한다.

책 집필 이후에도 나는 계속 달려나갈 것이다. 내가 틈만 나면 부산의 북항을 달리듯이 말이다. 〈춤추는 사상〉 전시회를 통해 지역 소멸에 대한 예술가의 노력을 전달할 것이다. 장애인 스포츠 촬영 역시 지속적으로 전개해 우리 주변에 어떤 영웅들이 있는지 많은 이들에게 소개할 것이다. 이 밖에 스포츠 강국인 대한민국의 스포츠 실력만큼이나 스포츠 콘텐츠도 더 창의적이고 수준 높은 작품으로 빛날 수 있게 나의 역할을 다하고 싶다. 그 과정에서 나의 발전을 이루는 기쁜 일이 있다면, 또 한 번 독자들과 책으로 만날 수 있게 되길 바란다.

빛과 디렉션
사진작가 이준희 직업 에세이

초판 1쇄 발행 2025년 11월 24일

지은이 이준희
펴낸이 신재욱
디자인 공중정원
제작지원 빅이슈코리아

펴낸곳 스미다
출판등록 제2025-000072호
이메일 smida@smidabooks.com
인스타그램 @smidabooks

ⓒ이준희, 2025
ISBN 979-11-995175-2-3 03810

- 국내 유일 저탄소 종이 기업 '무림'의 착한 종이와 함께합니다.
  표지. 아티젠
  내지. 네오스타백상
- 이 책은 빅이슈코리아와의 협업을 통해 제작되었으며, 일정 기간 동안 빅이슈 판매원의 거리 판매지에서도 구매하실 수 있습니다.(이 경우, 판매 수익의 일부가 홈리스 판매원에게 돌아갑니다.)
- 저작권법에 따라 보호받는 저작물이므로 무단 전재와 무단 복제를 금합니다.
- 이 책 내용의 전부 또는 일부를 이용하려면 반드시 저작권자와 스미다 출판사의 서면 동의를 받아야 합니다.
- 책값은 뒤표지에 있습니다.
- 파본이나 잘못된 책은 구입하신 곳에서 바꾸어드립니다.
- 스미다는 도서 정가의 1%를 지구 공헌을 위해 기부합니다.